Regalo del

Dr. Roberto Esquemazi-Mayo

Julio 15, 1994.

Mc Lean VA.-V.S.A

EL PADRE VARELA

EL PADRE VARELA:
PENSADOR, SACERDOTE, PATRIOTA

Edición a cargo
de
ROBERTO ESQUENAZI-MAYO

Georgetown University Press
Washington, D.C.

Quote from Octavio Paz in Posdata, 8a. ed. (México: Siglo Veintiuno Editores, 1973).

Library of Congress Cataloging-in-Publication Data

El Padre Varela : pensador, sacerdote, patriota / edición a cargo de
   Roberto Esquenazi-Mayo.
       p.   cm.
    "Incluye los trabajos inspirados por el Simposio 'Padre Félix
Varela: Cuban Philosopher, Priest, Patriot', celebrado el 4 de
noviembre de 1988, en la Biblioteca del Congreso, Washington.
Organizado bajo los auspicios de la División Hispánica de la
Biblioteca del Congreso y del Departamento de Español de la Escuela
de Lenguas y Lingüística, Georgetown University."
    Includes bibliographical references.
    ISBN 0-87840-510-0
    1. Varela, Félix, 1788-1853--Congresses. 2. Cuba-
-History--1810-1899--Congresses. I. Esquenazi-Mayo, Roberto.
II. Simposio "Padre Felix Varela: Cuban Philosopher, Priest,
Patriot" (1988 : Library of Congress) III. Library of Congress.
Hispanic Division. IV. Georgetown University. Spanish Dept.
F1783.V24P33 1990   90-40425
                                               CIP

Simposio celebrado el
4 de noviembre de 1988

bajo los auspicios de la

División Hispánica,
Biblioteca del Congreso
y del
Departamento de Español,
Escuela de Lenguas y Lingüística,
Georgetown University

Monseñor Raúl del Valle (1926-1988)

IN MEMORIAM

INDICE

Prefacio   xi

Agradecimiento   xvii
ROBERTO ESQUENAZI-MAYO

Introducción: 1
*El magisterio de Varela: programa para
futuras investigaciones*
JOSÉ M. HERNÁNDEZ

1. *Varela, el Maestro*   13
JOSÉ I. LASAGA

2. Comentario: 27
Varela, dos siglos después
ALBERTO CORDERO

3. *Félix Varela, el patriota cubano de tres mundos*   35
ANTONIO HERNÁNDEZ TRAVIESO

4. Comentario: 49
Félix Varela: visionario de la modernidad
ENRICO MARIO SANTÍ

5. *La contribución social del Padre Varela
en los Estados Unidos*   55
FELIPE J. ESTÉVEZ

6. Comentario: 65
El dilema espiritual del Padre Félix Varela
LUIS E. AGUILAR

Bibliografía   73

PREFACIO

ROBERTO ESQUENAZI-MAYO

Este volumen incluye los trabajos inspirados por el Simposio "Padre Félix Varela: Cuban Philosopher, Priest, Patriot", celebrado el 4 de noviembre de 1988, en la Biblioteca del Congreso, Washington, D.C. en ocasión del bicentenario del natalicio del Presbítero habanero Félix Varela. Organizado bajo los auspicios de la División Hispánica de la Biblioteca del Congreso y del Departamento de Español de la Escuela de Lenguas y Lingüística, Georgetown University, dicho Simposio contó con la colaboración de destacados investigadores de la cultura y la historia cubanas. Estas páginas, pues, están refrendadas por autores de probada autoridad en el campo de la filosofía y la historia, amén de contribuir a enriquecer la bibliografía vareliana. Para la División Hispánica de la Biblioteca del Congreso fue una primicia el haber honrado la memoria de un cubano, cuya obra intelectual, patriótica y pastoral en los Estados Unidos es imperecedera.

En su fructuoso empeño, el Simposio del 4 de noviembre de 1988 fue una jornada en la que se combinaron el análisis juicioso, la discusión manifiestamente perspicaz y la camaradería entre los asistentes y participantes—procedentes de aquí y de allá, de Virginia, New York, Pennsylvania, Florida—para culminar en una suculenta recepción donde la gastronomía cubana fue el deleite unánime. Se hermanaron aquella tarde, pues, el análisis erudito y el arte culinario, para recordar la vida y obra de un cubano.

El Dr. John R. Hébert, Sub-Director de la División Hispánica, abrió la sesión y explicó la importancia que para la Biblioteca del Congreso y para el público en general tenía el Simposio, pues servía para difundir en los Estados Unidos la obra de Varela.

El Dr. José M. Hernández, Vice Decano de la Escuela de Lenguas y Lingüística de Georgetown University presidió. Subrayó la significación que tenía el Simposio, ya que contribuía a analizar en un ámbito académico la obra de un cubano que vivió treinta años en los Estados Unidos. El Dr. Hernández, además, escribió la Introducción a los tres trabajos y respectivos comentarios que aparecen en estas páginas. En dicha Introducción el Dr. Hernández pregunta "¿qué fue, en verdad, lo que Varela nos enseñó a pensar?", y responde precisamente en el título que encabeza su trabajo, "El magisterio de Varela: programa para futuras investigaciones", es decir que la obra de Varela ha de servir como incentivo para continuar examinando documentos y archivos. El Dr. Hernández aportó datos de la historia de Cuba que contribuyen a desmitificarla sin menoscabarla.

En "Félix Varela, el Maestro", el Dr. José I. Lasaga estudió la obra del Presbítero en la filosofía, la ciencia política y la pedagogía. Trazó la evolución de Varela desde su ordenación como sacerdote hasta que se va apartando del escolasticismo. "La coherente síntesis de democracia y cristianismo", dijo Lasaga, es de lo más preciado en la obra de Varela. Su análisis filosófico sirvió para que en su comentario, "Varela, dos siglos después", el Dr. Alberto Cordero señalara la actualidad "de las preocupaciones intelectuales de Varela...", cuya obra nos permite acercarnos al pensamiento filosófico y político que precedió a las guerras de independencia en Hispanoamérica.

En "Félix Varela, el patriota cubano de tres mundos", el Dr. Antonio Hernández Travieso (ausente por una repentina enfermedad), trazó la vida del Presbítero en Cuba, España y los Estados Unidos. Recordó al diputado, al Maestro, al pensador y al patriota, destacando en él su gallardía y probidad.

En su comentario, "Félix Varela: visionario de la modernidad", el Dr. Enrico Mario Santí apuntó que Hernández Travieso "acaso el más distinguido estudioso de la obra del Padre Félix Varela y su época", ha resumido la totalidad del Maestro en una frase feliz, al decir que fue "el forjador de la conciencia cubana". En Hernández Travieso ve Santí al alentador de futuros estudios sobre Varela, que debieran culminar en "una edición inteligente de lo mejor de su obra".

En "La contribución social del Padre Varela en los Estados Unidos", el Rev. Felipe J. Estévez, se concentra en la obra periodística y pastoral del Presbítero. Señala que Varela inició varias publicaciones periódicas en los Estados Unidos. Y en este país se entrega por entero, dijo el Padre Estévez, a socorrer a los desposeídos. "La contribución social de Félix Varela en Norteamérica no fue otra cosa que la continuación de su labor en Cuba", afirmó el Padre Estévez.

Por otro lado, al Padre Estévez le extraña que Varela "no tratara

el tema de la esclavitud en la sociedad americana". Y se pregunta:
"¿Cómo Varela...pudo callar delante de esta terrible injusticia social?"
El silencio, añade, deja "una interrogante", a la que el Dr. Luis E.
Aguilar responde en "El dilema espiritual del Padre Félix Varela". En
su opinión, "es preciso considerar la prioridad que cada lucha exige..."
Señala la "contradicción ética" implícita en el ideario político de
Varela, aduciendo que es necesario evitar que se juzgue su obra social
desde una perspectiva actual.

Así pues, estas páginas reflejan una vida inquieta ante acontecimientos tumultuosos, provocativos, tanto en el plano eminentemente
político como en el de las ideas. Bien familiarizado con lo que sucedía en
España, por un lado, y en Hispanoamérica, por el otro, Varela se planteó
como objetivo vital el servicio a la patria y al prójimo. Tenía 24 años de
edad cuando se reúnen las Cortes en Cádiz en 1812, y ya enseñaba en el
Seminario de San Carlos. Dos años después, el llamado "Manifiesto
Persa"[1] (Madrid, 12 de abril de 1814), entre cuyos firmantes figuraban
algunas personas que representaban las Provincias de Ultramar, acusaba
a "diputados de provincias sublevadas y rebeldes a la obediencia de
V.M., y que sostenian su rebelión, aspirando a la independencia".[2]
Además se quejaba de que se hubiesen igualado "los derechos de los
españoles con los vasallos ultramarinos", y de que existiera "libertad de
escribir",[3] y de que "se tuvieran condescendencias con los indios..."[4]
Tanto para evitar que esa *Representación y Manifiesto...* se perdiera para
la posteridad como para combatir sus "sofismas ridículos", fue
reimpreso en Madrid en 1820 por un grupo de liberales, quienes aclaran
que lo hacen porque es un "documento...muy curioso".[5] Curioso lo fue.

En 1820, también en Madrid, se publicó el *Manifiesto de la Junta
Provisional a las Cortes*[6] en el que se decía que el restablecimiento de la
Constitución "sería el iris de paz para todos los españoles de Ultramar",
y se propugnaba que se igualaran los "derechos y deberes" con los de la
Península, y así zanjar las diferencias entre "los españoles de América y
Europa...".[7]

Y en 1822, sesenta y ocho diputados firmaron una *"Exposición...sobre
las causas de los males que aflijen a la Nación"*, en la que se buscaba
"...asegurar para siempre nuestras instituciones liberales...".[8]

Ante esos documentos la actuación política de Varela adquiere, para
nosotros, aun mayor significado. Partidario de la autonomía de Cuba, en
un principio, contrario a la esclavitud en su patria—como sabemos—se
va de España para ir a los Estados Unidos, desencantado y favoreciendo
la independencia. Animado, hizo frente a los secuaces de Fernando VII.
Pero poco después, en 1824, adolorido, escribe en *El Habanero* "...en la
isla de Cuba no hay *opinión pública*, no hay otra opinión que la
mercantil".[9]

Más adelante se lamenta de que "en la isla de Cuba no hay amor a España, ni a Colombia, ni a México, ni a nadie más que a las cajas de azúcar y a los sacos de café".[10] Y se pregunta a sí mismo, en forma tajante: "¿Qué deberá, pues, hacerse?" y se contesta: "Para la ignorancia afectada la mejor respuesta es el silencio".[11]

Sabemos que Varela no se calló. Continuó publicando *El Habanero* soñando en la libertad de Cuba, pero dedicado con fruición creciente—como se verá en los trabajos aquí incluidos—a la labor pastoral, a calmar las pasiones entre protestantes y católicos, a combatir el alcoholismo.

Visionario lo fue. Iluso, no. Ejemplar fue al haber rechazado el indulto otorgado por las autoridades españolas. Al morir en la nación que lo acogió, reafirmó Varela su vocación y su patriotismo.

Cuarenta y dos años después, Martí, que también había experimentado descalabros y la opinión adversa de algunos de sus conciudadanos, muere en el campo de batalla, y al igual que Varela, sin dejar de soñar. Su muerte, en cierto modo incita al paralelo, al escribir a su amigo Henríquez y Carvajal, el mismo día que terminaba el Manifiesto de Montecristi: "Para mí, ya es hora". Pudo haber escrito la oración sin la coma. Sin embargo, la pausa que ella señala añade énfasis a la frase "ya es hora". ¿Había Martí tenido una premonición o había confirmado una decisión? Premonición, decisión; en cualquiera de los casos, resultado de una vida llena de breñas, como la de Varela.

Ambos ofrendaron la vida por su país natal, con nobleza, con decoro. En su humildad rebasaron los límites de la grandeza, con su conducta ganaron el respeto y admiración de la posteridad, en su acendrado patriotismo soñaron el nacimiento de una nación.

NOTAS

1. *Representación y Manifiesto que algunos diputados á las Cortes ordinarias firmaron en los mayores apuros de su opresion en Madrid* (Madrid: Imprenta de Collado, 1820).

2. Ibid., 11. [En ésta y las otras citas de los documentos del siglo XIX se ha respetado la ortografía del original.]

3. Ibid., 13.

4. Ibid., 14.

5. La aclaración dice textualmente:

> Este papel no se reimprime con el designio de reanimar enconos que deseamos que desaparezcan, sino con el de que no se pierda para la historia este documento que creemos muy curioso. Sofismas ridículos son las razones en que se apoya esta representacion o manifiesto; pero á la posteridad le costaria trabajo creer que en vista de ellos se hubiese decidido el restablecimiento del edificio gótico de nuestra antigua monarquía, sino los conservásemos reimprimiendo la representacion que los contiene. Esta consideracion tan sola nos decide a esta reimpresion.

6. *Manifiesto de la Junta Provisional á las Cortes* (Madrid: Imprenta de Vega y Compañia, 1820), 30.

7. Ibid., 31.

8. *Exposicion hecha á las Cortes Extraordinarias por 66 (sic) diputados Sobre las causas de los males que aflijen a la Nacion* (Madrid: Imprenta Calle de la Greda, por D. Cosme Martínez, 1822), 8. [Aunque el título dice "66", en realidad fueron "68" los firmantes, según versa una aclaración al final de la *Exposicion*...]

9. Varela, *El Habanero* (La Habana: Editorial de la Universidad de La Habana, 1945), 17.

10. Ibid., 19.

11. Ibid.

AGRADECIMIENTO

Sin el fervor de amigos y colegas no hubiera sido posible organizar el Simposio sobre el Padre Varela ni publicar estas páginas. A los participantes, a las instituciones, al público que asistió gozoso al Simposio del 4 de noviembre de 1988, ha de expresárseles el sentido agradecimiento de los organizadores, con la esperanza de que esta primicia pueda servir de buen augurio para el futuro.

Sin embargo, no puede dejarse de citar algunos de los nombres de personas e instituciones que trabajaron muy de cerca desde la incepción hasta el final de la conmemoración vareliana y en este libro.

Monseñor Raúl del Valle animó la organización de este Simposio. Inspirador de valiosas iniciativas varelianas, poco antes de su fallecimiento seguía atento a la Conmemoración del Bicentenario del Padre Varela. De Monseñor del Valle partieron buen número de ideas, reflejadas en el Simposio.

En la División Hispánica de la Biblioteca del Congreso, el Dr. John R. Hébert, su Sub Director, acogió la idea del Simposio desde el principio al fin con brío. A él se deben sugerencias valiosas que contribuyeron al buen éxito de la celebración. El Dr. Cole Blasier, ya Director cuando tuvo lugar el Simposio, se asoció al proyecto con genuina camaradería, y no cejó un instante en su animado interés en ver publicadas estas páginas. El Dr. Everette E. Larson de la Sección de Referencia, prestó insustituible asistencia a la preparación de este libro, así como su hija Elizabeth. La Sra. Zaida Alcalde, ex-Secretaria Administrativa, trabajó ingentemente en miríadas de importantes detalles, así como la Srta. Andrea Mark.

El Sr. Dana Pratt, Director de la Oficina de Publicaciones de la Biblioteca del Congreso, otorgó el permiso para que Georgetown University Press fuese la editora de este volumen.

Paulist Press concedió la autorización para citar parte de la muy completa bibliografía que el Padre Felipe J. Estévez publicó en *Félix*

Varela. Letters to Elpidio (New York, 1989), versión inglesa de *Cartas a Elpidio.*

La vida y obra de Varela gozará de más amplio conocimiento gracias a Georgetown University Press. En buena parte se debe a su Director, Rev. John B. Breslin, S.J., quien pacientemente ha estimulado, asesorado y hecho posible la publicación de *El Padre Varela: pensador, sacerdote, patriota.*

En Georgetown University, la Escuela de Lenguas y Lingüística, con su Decano, Dr. James E. Alatis a la cabeza, se sumó al Simposio y aportó recursos financieros que contribuyeron al feliz resultado de la conmemoración.

El Dr. José M. Hernández, Vice Decano de la Escuela de Lenguas y Lingüística, imprimió su ferviente apoyo y entusiasmo. Sin su coparticipación habría sido poco menos que imposible recordar a Varela en Washington, D.C. en la forma que se hizo. Sus gestiones fueron muy valiosas e indispensables.

Al comenzar la organización del Simposio era Director del Departamento de Español el Dr. Michael E. Gerli, quien enseguida se adhirió a la rememoración del Padre Varela, así como también lo hizo el Dr. Thomas J. Walsh, quien lo sustituyó en el cargo. Ambos contribuyeron en varias y tangibles formas al éxito del Simposio.

Wendi Adair y Peter Siavelis trabajaron asidua y competentemente, para pasar a la computadora el texto de los trabajos aquí incluidos y entregarlos a tiempo a la editorial.

Ha sido para mi una honra que tanto la Escuela de Lenguas y Lingüística como el Departamento de Español me encargaran la preparación de este libro. Para ello he contado con la ayuda de las personas e instituciones citadas aquí—y de muchas más. Todas merecen la gratitud de quienes estiman y respetan la investigación cuidadosa y reflexiva, y reclaman rigor en la producción intelectual. Así pues, gracias, muchísimas gracias.

EL MAGISTERIO DE VARELA: PROGRAMA PARA FUTURAS INVESTIGACIONES

José M. Hernández

Fue José de la Luz y Caballero quien definió históricamente al Padre Varela como "el primero que nos enseñó a pensar". Sin duda, una de las frases más afortunadas del autor de los *Aforismos*, porque raro es el escrito sobre el insigne Presbítero en que no aparezca citada, venga o no venga a cuento. Tanto se ha repetido que ya se da por sentado lo que Don Pepe quiso decir, lo cual dista bastante de la realidad. ¿Qué fue, en verdad, lo que Varela nos enseñó a pensar?

No debe tratarse de su posición como pensador, puesto que Luz y Caballero sabía perfectamente que su maestro era fundamentalmente el continuador de la reforma filosófica y pedagógica iniciada por el Padre José Agustín Caballero. Tampoco debe tratarse de su influjo religioso, entre otras cosas porque éste fue mayormente ejercido en New York, durante los años de su largo exilio. ¿Radicará, quizá, el legado de Varela en su liberalismo, en el impacto de las conferencias que dictó en el Seminario de San Carlos sobre derecho constitucional o en las repercusiones de su actuación como diputado en las Cortes españolas de 1821 a 1823? No, porque el liberalismo que llevó al joven profesor a Madrid estaba encuadrado en el ámbito del reformismo criollo, y el terreno que cubrió en esa época fue el que medió entre el elogio a Fernando VII (por las jugosas concesiones económicas que hizo a Cuba) y el partido de corte constitucionalista encabezado por el conde de O'Reilly. Incluyendo al obispo Juan José Díaz de Espada y Landa—y sin dejar de mencionar a la facción españolizante dirigida por el reaccionario sacerdote

Gutiérrez Piñeres—había en aquel entonces en La Habana muchas personas partidarias de limitar el absolutismo monárquico.

Las ideas más revolucionarias de Varela fueron indudablemente las relativas a la independencia de Cuba y la abolición de la esclavitud, pero ¿hasta qué punto le cupo la responsabilidad de incorporarlas al pensamiento político y social de su tiempo? Las afirmaciones tajantes en cuestiones cronológicas son siempre peligrosas, pero Jorge e Isabel Castellanos, en un libro reciente, nos dicen valerosamente que Varela "fue el primer cubano en reclamar para su patria la independencia absoluta y la abolición inmediata y total de la esclavitud".[1] Carezco de autoridad para determinar si este juicio es o no exacto, aunque no puedo menos que pensar por ejemplo, en aquel presbítero que, según cuenta Arango y Parreño, iba por las calles anunciando a los negros que el Rey había declarado su libertad en el término de diez años,[2] o en la conspiración de 1809 y la agitación antiesclavista (motivada por las mociones abolicionistas presentadas en las Cortes de Cádiz) que culminó en el movimiento acaudillado por José Antonio Aponte (1812). Pero aun suponiendo que *strictu sensu* Varela no tenga precedencia en el tiempo, lo cierto es que entre los de su clase social, la burguesía ilustrada de la época, incuestionablemente fue el primero en mantener semejantes ideas. La conspiración de 1809 habrá sido todo lo temprana que se quiera, pero transigió con la esclavitud;[3] y Aponte, a pesar de las ramificaciones de sus actividades, no era más que un carpintero y tallador de origen yoruba incapaz de estremecer la colonia y enfrentarse al poderío español.[4] Varela, por el contrario, además de ser el protegido de Espada, debido al exclusivismo racial y clasista del Seminario, pudo conectarse con la juventud más prometedora de su tiempo. Entre sus alumnos se contaron, además de Luz y Caballero, José Antonio Saco, Felipe Poey, Manuel González del Valle, Gaspar Betancourt Cisneros y Rafael María Mendive. Hay que concluir, pues, que los Castellanos tienen razón. Si quizá no cronológicamente, históricamente Varela fue el primero.

En cuanto a la esclavitud, su firme propósito de extinguirla definitivamente, perceptible ya desde muy temprano,[5] se manifestó diáfana y públicamente cuando en 1822 presentó a las Cortes su proyecto decretando la abolición de la malhadada institución en un plazo no mayor de quince años. El proyecto no llegó a discutirse, pero quedó claro que su autor no representaba los intereses del Consulado y Ayuntamiento habaneros. Esto obviamente disgustó a los más fogosos defensores de la trata y del trabajo esclavo. Al conocerse en la ciudad los propósitos del diputado, hasta labios amigos dijeron—lo oyó Saco—que quien se atreviera a solicitar de las Cortes la libertad de los negros merecía que allí mismo "le arrancaran la lengua".[6]

Lo de la independencia vino un poco más tarde, después de la caída del segundo régimen constitucional español ante la arremetida fraguada por los franceses para apoyar las aspiraciones absolutistas de Fernando. El Varela que vino a refugiarse en los Estados Unidos en 1823 es un hombre que ha oído a los campeones del liberalismo español proclamar que los hispanoamericanos son incapaces de gobernarse a sí mismos y que por eso se ha transformado en un independentista convencido. De 1824 a 1826 redacta y publica en Filadelfia y New York el que es generalmente considerado como el primer periódico dedicado a la lucha por la independencia de su patria: *El Habanero*. Es en las páginas de esta publicación donde aboga, por ejemplo, por la revolución sin auxilio extranjero. "Los mismos desórdenes que es indispensable que haya", escribe, "serán contenidos y remediados con mucha más facilidad y empeño cuando la revolución sea hecha enteramente por personas a quienes perjudiquen dichos desórdenes aún más que a los individuos contra quienes se dirijan".[7] Varela prefiere "ver a Cuba tan isla en lo político como lo es en naturaleza".[8] Por eso rechaza la anexión a otro país (entonces se pensaba en México y en Colombia, como después se pensaría en los Estados Unidos) como solución del problema cubano. "Yo soy el primero", dice taxativamente, "que estoy contra la unión de la Isla a ningún gobierno".[9]

Lo curioso de estas ideas fundamentales de Varela—y aquí es donde empieza a complicarse la cuestión de su aporte a la formación de la conciencia cubana—es que ambas parecen ser contradictorias, o dicho sea con mayor precisión, incompatibles. Porque apenas el exdiputado a Cortes pone la planta en suelo norteamericano su biógrafo más autorizado, Antonio Hernández Travieso, nos presenta un diálogo entre el recién llegado y un grupo de sus discípulos que están envueltos en el plan de ataque a La Habana que prepara el general mexicano Antonio López de Santa Ana. Es la época en que Fernando VII, tras dar al traste con el liberalismo peninsular, acomete la empresa de recuperar las perdidas colonias del Nuevo Mundo tomando a Cuba nuevamente como base de operaciones. Los discípulos le piden a su maestro—a quien despreciables anónimos que corren por La Habana ya han comenzado a llamar "el pérfido Varela"[10]—que se ponga al frente del movimiento libertador. Pero le ponen una condición. Con el mayor respeto le piden que haga abstracción momentánea de sus ideales abolicionistas y que posponga la cuestión de la emancipación de los esclavos para cuando la independencia sea un hecho. Los hacendados cubanos están obteniendo todavía demasiadas ganancias con el sistema esclavista y no están dispuestos a renunciar a ellas.

Temen, además, que los negros emancipados los pasen a cuchillo y conviertan a Cuba en otro Santo Domingo. No es prudente, por tanto, restarle apoyo a la causa insistiendo en el tema. Dice el narrador que Varela, admirado de la madurez y flexibilidad política de aquellos jóvenes, aceptó gustoso los términos de su oferta.[11] Por eso quizá se concentró en lo adelante en persuadir a los hacendados de que su verdadero bien, su utilidad, estaba en lograr la separación de Cuba de la metrópolis. De otro modo otros sectores sociales podían dejarlos "como suele decirse en las astas del toro"[12] y asumir la dirección del movimiento independentista que inevitablemente habría de envolver a la Isla.

Pero sería un error pensar que la creencia de Varela en la inevitabilidad de la revolución era un mero artificio propagandístico. Era una convicción sincera, y por eso tiene que haber sido sumamente doloroso para él someterla a revisión y en definitiva archivarla como tuvo que hacerlo en 1826. Fue ese el año en que la caída del puerto del Callao cerró el ciclo emancipador en la América del Sur. En el mes de julio ya se sabía que el Congreso de Panamá era un fracaso, y se veía claro que tanto México como Colombia habían perdido interés en apoyar la independencia de Cuba como medio de detener la agresión española. Varela parece haber tenido además la certeza de la oposición de los Estados Unidos, que en alguna oportunidad habían tratado de vender a las naciones hispanoamericanas el favor de un reconocimiento imposible por parte de la madre patria. Su reacción es la que dictan los acontecimientos. *El Habanero* deja de salir y en lo sucesivo su redactor aconsejará cautela a sus discípulos y amigos de la Isla, especialmente después que ésta cae bajo la férrea dictadura del Capitán General Miguel Tacón. En su exilio neoyorquino Varela se vuelca en las actividades de su vocación sacerdotal, recordando quizá en la soledad de las noches invernales su amargo diagnóstico de la realidad cubana: "Es preciso no perder de vista que en la isla de Cuba no hay opinión política, no hay otra opinión que la mercantil. En los muelles y almacenes se resuelven todas las cuestiones de Estado... En la isla de Cuba no hay amor a España ni a Colombia ni a México ni a nadie más que a las cajas de azúcar y a los sacos de café. Los naturales y los europeos radicados reducen su mundo a su isla, y los que sólo van por algún tiempo para buscar dinero no quieren perderlo..."[13]

¿Es lícito pensar siquiera que semejante sociedad pudo hacer suya la prédica del Presbítero? Sus alumnos fueron los líderes intelectuales de la época, los educadores de las generaciones subsiguientes y los voceros de lo que entonces pasaba por opinión pública, lo opinión de la clase dominante. Pero ninguno de estos líderes heredó el radicalismo del Maestro, su arrojo en identificar a España como una "manchita europea" que tiranizaba a la mitad del Nuevo Mundo, y su inquebrantable decisión de desnudar su alma revolucionaria aun frente al torpe intento de asesinato concebido por el gobierno colonial. No es que fueran "falsos cubanos", como se ha dicho.[14] Es que eran hombres de su tiempo, mientras que Varela estaba muy adelantado al suyo.

La actitud de los discípulos, a pesar de que se mantuvieron fieles en líneas generales al ideario liberal que les inculcara su maestro en San Carlos, contrastó visiblemente con los postulados básicos de su enseñanza. Tal fue el caso, en el terreno del pensamiento filosófico, de Manuel González del Valle, quien en unión de su hermano José Zacarías se situó frente a la línea progresista de Varela y Caballero. Betancourt Cisneros, *El Lugareño*, siguiendo la tradición de los ganaderos camagüeyanos, rechazó la esclavitud, pero en un momento de su vida cayó en el anexionismo a los Estados Unidos. Mendive, restaurador del "buen gusto poético" y mentor de José Martí, respondió a los intereses del sector reformista hasta que fue reducido a prisión en 1869 y deportado a España. Igualmente indentificados con los mismos intereses estuvieron los que sucedieron al Presbítero en su cátedra, Saco y Luz y Caballero, así como Domingo del Monte, uno de los últimos en incorporarse a la nómina de sus estudiantes en 1820. Estos tres últimos fueron quizá los más destacados y los que más influjo tuvieron de todos los que salieron de las aulas del Seminario. Los tres, en grados diversos, hicieron causa común con los hacendados esclavistas. Los tres eran esencialmente racistas, y aunque favorecieron el cese inmediato de la trata se opusieron a la abolición inmediata de la esclavitud. Ninguno de los tres fue separatista y, menos aún, revolucionario.

Luz y Caballero, dueño de esclavos según consta en su testamento,[15] fue duramente criticado por Antonio Maceo, quien solamente veía en él "el educador del privilegio cubano". Decía el Titán que "tenía influencia y mucho talento, que pudo ejercer en beneficio de todos...pero...no tenía grandes sentimientos; se confundió con Saco. El uno proclamó la esclavitud, que es lo mismo que declarar eterno el gobierno de España en Cuba, y el otro heredó y sostuvo la esclavitud que testó a su muerte... o está, pues, esa decantada grandeza?...Caballero no completó su obra... No fue político, tuvo miedo y le faltó valor para realizar la obra que, sin darse cuenta, acometió, retrasándola con sus pensamientos de evoluciones, lo de hoy llevado a cabo por sus discípulos".[16] Maceo alude claramente a la tímida actitud de don Pepe con relación al punto clave de la independencia. ¿Estaría enterado de que había juzgado con severidad las intentonas revolucionarias de su tiempo y de que, en su opinión, la idea de independencia no cabía en la mente de las personas sensatas?[17]

Una de las circunstancias que contribuyen a ubicar a Luz y Caballero en el cuadro de las realidades político-sociales de la época es precisamente su amistad con Saco, cuya posición es inequívoca. El dogma central del bayamés, basado en la pseudo-ciencia de su época, era que "la nacionalidad cubana...la única de que debe ocuparse todo hombre sensato, es la formada por la raza blanca, que sólo se eleva a poco más de 400,000 individuos".[18] De ahí arranca todo lo demás: el deseo de "blanquear" la población de la isla mediante la supresión de la trata y la recomendación de remediar los peores efectos de la esclavitud como resultado de un abolicionismo moderado. Esencialmente lo mismo de Arango y Parreño y con los mismos objetivos: preservar la estructura demográfica prevaleciente y mantener la hegemonía cultural europea. Con este enfoque del problema racial, Saco no podía ser independentista mientras hubiera en Cuba una gran masa esclava. Así resulta de su correspondencia con su íntimo José Luis Alfonso (otro alumno de Varela), en la que alternativamente llama "tontos o pícaros" a los que piensen en la independencia, califica de "piratas de la peor especie" a los expedicionarios de Narciso López, y dice que la guerra de los Diez Años fue una "funesta insurrección". Pocas declaraciones de las muchas que hizo al respecto, sin embargo, son tan contundentes como la que aparece en su carta-testamento, publicada en Barcelona en septiembre de 1879 y reproducida poco después en el *Diario de la Marina*, de La Habana: "Yo desafío al mundo entero", escribió, "a que examinando los numerosos escritos que he publicado, encuentre una sola frase en que yo haya pedido autonomía para Cuba. Yo estoy íntimamente convencido de que Cuba carece absolutamente de las condiciones necesarias para tener un gobierno autonómico. Lo que siempre he pedido, y únicamente pedido para Cuba, es una legislatura provincial".[19]

Otro de los confidentes de Saco en este asunto de la independencia lo fue Domingo del Monte, que lo admiraba como "al mejor de los cubanos" entre otras cosas porque pensaba exactamente igual que él.[20] "El más real y útil de los cubanos de su tiempo", como bondadosamente lo describió Martí,[21] pensaba que la esclavitud era un "tifus peor que el de Asia", y no quería que en las escuelas hubiese esclavos ni que los poseyeran los maestros, pero su familia era propietaria de un ingenio situado "a cuatro leguas de Cárdenas con cien negros que lo cultivan", y fue él quien en una carta célebre consignó la más apretada síntesis de su ideal clasista. "...el propósito constante de todo cubano de corazón y de noble y sano patriotismo, lo debe cifrar en acabar con la trata primero, y luego en ir suprimiendo insensiblemente la esclavitud, sin sacudimientos ni violencias; y por último, en limpiar a Cuba de la raza africana".[22] No en vano pudo asegurar el distinguido humanista en otra carta famosa que escribió al Capitán General Leopoldo O'Donnell al verse mencionado en la conspiración de La Escalera: "...nunca he formado, ni en idea, planes de trastornos violentos, que acabarían con mi fortuna y con la de los míos; ni he tenido nunca tratas ni comunicaciones íntimas con gente menuda, inferior a mi clase, con éste ni otros objetos subversivos".[23] Como escribió Nicolás Azcárate, que compartió con él los últimos años de su vida, "del Monte era antirrevolucionario, por principios y carácter".[24] Por eso, cuando se descubrió el complot de los Soles y Rayos de Bolívar, no dudó en enjuiciar a los partícipes del modo siguiente: "Unos cuantos hombres insignificantes, sin arraigo, sin nombradía honesta de ninguna clase, sin mérito particular que los distinguiese, si se exceptúa al poeta Heredia; pillos y jugadores los más, traficantes de negros y uno que otro hombre honrado, como el doctor Hernández, pero iluso y sin ideas fijas todavía sobre nada, y poco conocedor de su tierra y sus coterráneos".[25]

Lo dicho debería bastar para no sobrevalorar la función de Varela y establecer una línea directa entre su prédica y el desarrollo de la conciencia cubana, si por ésta se entiende el concepto de lo nacional que se forjó durante la Guerra Grande y quedó luego plasmado en las fórmulas martianas. Insistir en semejante relación sería incidir en el mismo error en que—preciso es admitirlo—incurrió el mismísimo Martí, cuando llevado de su entusiasmo revolucionario, prácticamente llegó a decir que en las aulas de El Salvador se formaban auténticos partidarios y promotores de la independencia gracias a las enseñanzas de Luz y Caballero. Ni El Salvador fue cuna de mambises, aunque sí influyó en la educación de algunos, como Manuel Sanguily, ni el Seminario de San Carlos fue factor determinante del crecimiento posterior de la marea independentista y del movimiento abolicionista que se manifestó en Cuba a partir de 1837. ¿Por qué diría entonces Luz y Caballero que Varela fué el primero que nos enseñó a pensar?

Algo debió ver el gran educador que escapó incluso al primer biógrafo del Presbítero, José Ignacio Rodríguez, y que sin embargo captaron los escritores españoles, eruditos o no, que se consagraron a explorar los orígenes intelectuales de la gesta emancipadora cubana.[26] Uno de los más inteligentes entre ellos, y que además tuvo tiempo sobrado para tomarle el pulso a la situación que atravesaba Cuba, lo fue el Padre Juan Bautista Casas, quien arribó a La Habana en 1888 y residió en ella durante siete años que empleó en enseñar Sagrada Escritura en el Seminario y desempeñar el cargo de Gobernador Eclesiástico de la diócesis. Casas era integrista, pero no tenía reparos en ponerle las peras al cuarto al gobierno colonial cuando lo estimaba necesario, y tenía amigos entre los curas laborantes, entre ellos el artemiseño Guillermo González Arocha (que fué espía de Maceo) y Pedro González Estrada, futuro obispo de La Habana (1903). Al regresar a España publicó una serie de artículos en *El Siglo Futuro* durante 1895 y 1896 que luego reunió en un volumen bajo el título de *La guerra separatista de Cuba, sus causas, medios de terminarla y de evitar otras.*[27]

Todavía no se había puesto de moda entre los historiadores asignarle la primacía causal a los factores socio-económicos, y por eso Casas no tuvo empacho en destacar los de carácter intelectual cuando se vio en el trance de señalar las raíces del Grito de Baire. He aquí lo que escribió hablando de la aversión que sentían los jóvenes cubanos hacia España, segun él "la causa principal e inmediata de la guerra":

> Las enseñanzas antiespañolas de Luz y Caballero, llamado el gran pedagogo que causó él solo más daño a la Madre Patria que todos los otros juntos, pues la desacreditó mansamente y por lo fino, siendo tan verdadero jansenista político porque combatió a España con los mismos medios que estos herejes atacaron a la Iglesia católica, y las filosofías de Varela (si no recordamos mal el apellido) en el Real Colegio Seminario de San Carlos y San Ambrosio deben hallar eco profundo en la generación actual, como lo hallaron en la precedente, cuando tantos ilustrados científicos prepararon la revolución y empuñaban las armas fratricidas. Bien conocidos son en la isla los establecimientos y los colegios de varones y de hembras de que salen cabezas muy amaestradas y corazones muy saturados de antiespañolismo.[28]

Será anti-histórico buscar el rastro ideológico de la conciencia nacional cubana remontando la ruta que va de Martí, la plenitud, a Luz y Caballero, el eslabón, a Varela, la fuente. Pero ante testimonios como el del Padre Casas, que estuvo en Cuba más de medio siglo después del exilio del Presbítero, no cabe dudar que la influencia que éste ejerció fue enorme, como él mismo hubo de reconocerlo cuando sus admiradores en la Isla, entre ellos el Padre Francisco Ruiz, otro de sus alumnos que lo sucedió en la cátedra de Filosofía, lo instaron para que se acogiera a la amnistía concedida en 1832 por la reina gobernadora María Cristina a favor de los liberales emigrados. Ruiz inteligentemente le recuerda "los amigos y discípulos con que cuenta...y que contarán como el día más glorioso de su vida aquel en que llenos de efusión vuelvan a ver y a abrazar en el seno de su patria a su amado e inolvidable maestro..."[29] Y él lo admite como un hecho evidente cuando le contesta a su hermana, quien también le ha escrito tratando de persuadirle a que vuelva. "Suponte que anuncian mi llegada a la bahía de La Habana", le dice, "¿crees que una juventud cuya imaginación ha exaltado en mi favor la amistosa imprudencia de mis elogiadores no saldría a recibirme?"[30]

Sobre la ascendencia de Varela, pues, no hay más que hablar. Queda pendiente, sin embargo, la importantísima cuestión de qué fue lo que nos enseñó a pensar, ya que está igualmente claro que ni siquiera sus discípulos más ilustres asimilaron su enseñanza sobre la independencia y la abolición. Es éste un asunto que no será zanjado mientras no aparezca quien se responsabilice con la prolija investigación del ambiente intelectual de la época que ello requiere. Pero yo me permito sugerir que el pensamiento cardinal que quizá pueda orientar semejante estudio sea no tanto la identificación de las ideas específicas que el Maestro transmitió a sus alumnos como la simple constatación de que, por virtud de la pedagogía activa que empleaba en sus clases y su constante incitación a que los jóvenes discurrieran y propusieran libremente sus pensamientos, nos enseñó a reflexionar, a pensar por nuestra cuenta sin preocuparnos demasiado del principio de autoridad y—*last but not least,* como se acostumbra a decir por estas latitudes—a hacer de Cuba el centro y meta de nuestra actividad intelectual.

Lo que según esto hizo Varela, pues, fue crear en Cuba un nuevo espíritu, un nuevo modo de ver las cosas y enfocar los problemas, un nuevo clima ideológico y filosófico dentro del cual se formó toda una generación de hijos del patriciado criollo, que eran los únicos que podían concurrir a sus aulas. Como miembros de su clase fueron incapaces de seguir a su Maestro hasta las últimas consecuencias, pero absorbieron lo bastante como para adoptar una actitud crítica ante la sociedad colonial y para elaborar una serie de propuestas—diversas, es verdad, pero todas animadas por el mismo propósito—enderezadas a mejorar la condición política y socio-económica de la Isla. Eso fue lo que hicieron Saco, Luz y Caballero, del Monte, Betancourt, Cisneros y todos los demás. Su obra, ya lo sabemos, fue imperfecta. Fueron ellos, no obstante, los que marcaron el rumbo, y es en ello en lo que radica buena parte de la gloria de Varela: en haberles abierto los ojos y haberles facilitado la tarea de consumar el proceso de su auto-identificación como cubanos, descendientes de los peninsulares pero distintos a ellos, y con ideales e intereses propios. Irónicamente, fue Tacón, con sus prejuicios y sus rencores, el que se encargó de consolidar y perpetuar esta escisión de la colonia.

Me atrevo a pensar que si la investigación del influjo de Varela se adentra por este camino será fructífera.

NOTAS

1. Jorge Castellanos e Isabel Castellanos, *Cultura afrocubana*, 1, *El negro en Cuba, 1492-1844* (Miami, Florida: Ediciones Universal, 1988), 218.

2. Francisco de Arango y Parreño, *Representación de la Ciudad de la Habana a las Cortes, el 20 de julio de 1811, con motivo de las proposiciones hechas por D. José Miguel Guridi Alcocer y D. Agustín de Argüelles sobre el tráfico y esclavitud de los negros*, en Hortensia Pichardo, *Documentos para la historia de Cuba*, 1 (La Habana: Editorial de Ciencias Sociales, 1977), 248-49.

3. Véase el "Proyecto de Constitución para la Isla de Cuba" propuesto por Joaquín Infante, uno de los principales conspiradores, en Pichardo, *Documentos*, 1, 259.

4. Leví Marrero, *Cuba: economía y sociedad*, 9 (Madrid: Editorial Playor, 1983), 34.

5. Véase Antonio Hernández Travieso, *El Padre Varela. Biografía del forjador de la conciencia cubana*, 2a. ed., (Miami, Florida: Ediciones Universal, 1984), 198-99.

6. José Antonio Saco, *Historia de la esclavitud de la raza africana en el Nuevo Mundo y en especial en los países Américo-Hispanos*, 3 (La Habana: Cultural, S.A., 1938), 145-46.

7. Revista Ideal, ed., Padre Félix Varela, *El Habanero: papel político, científico y literario* (Miami, Florida: Revista Ideal, 1974), 96.

8. Ibid., 161.

9. Ibid., 94.

10. Véase Miguel Figueroa y Miranda, *Religión y política en la Cuba del siglo XIX: el obispo Espada visto a la luz de los archivos romanos, 1802-1832* (Miami, Florida: Ediciones Universal, 1975), 113.

11. Hernández Travieso, *Varela*, 294-97.

12. *El Habanero*, 193.

13. Ibid., 14-18.

14. Rafael Soto Paz, *La falsa cubanidad de Saco, Luz y del Monte* (La Habana: Editorial Alfa, 1941), passim.

15. Ibid., 72-73.

16. Maceo a Eusebio Hernández, 30 julio 1885. Gonzalo Cabrales, ed., *Epistolario de héroes* (La Habana: El Siglo XX, 1922), 195.

17. Soto Paz, *La falsa cubanidad*, 75-78.

18. Citado por Castellanos, *Cultura afrocubana*, 1, 269.

19. Citado por Soto Paz, *La falsa cubanidad*, 42.

20. Véase Anita Arroyo, *José Antonio Saco: su influencia en la cultura y en las ideas políticas de Cuba* (Miami, Florida: Ediciones Universal, 1989), 120. Mendive, en cambio, llegó a decir que Saco era un "canalla". Véase, 134-35.

21. Artículo sobre "Juan J. Peoli" en *Patria*, 22 julio 1893.

22. Citado por Castellanos, *Cultura afrocubana*, 1, 258.

23. Ibid., 260.

24. Citado por Instituto de Literatura y Lingüística de la Academia de Ciencias de Cuba, *Perfil histórico de las letras cubanas desde los orígenes hasta 1898* (La Habana: Editorial Letras Cubanas, 1983), 192.

25. Citado por Max Henríquez Ureña, *Panorama histórico de la literatura cubana*, 1 (Puerto Rico: Ediciones Mirador, 1963), 160.

26. Hernández Travieso, *Varela*, 167-68.

27. Véase, sobre la obra de Casas, Manuel Maza, S.J., "J.B. Casas, un cura político en la Cuba de los 1890", *Estudios Sociales* (República Dominicana), no. 73 (julio-septiembre, 1988), 20: 5-27.

28. Citada en ibid., 15.

29. Citada por Carlos Ripoll, *Sentido y razón del destierro: Félix Varela, Miguel Teurbe Tolón, José Martí* (no tiene datos bibliográficos), 1.

30. Hernández Travieso, *Varela*, 394-95.

VARELA, EL MAESTRO

JOSÉ I. LASAGA

Antes de empezar a hablar de Varela, interpretando los sentimientos de todos los cubanos aquí presentes, desearía dejar pública constancia de nuestro agradecimiento a la División Hispánica de la Biblioteca del Congreso y a su Director el Dr. John R. Hébert, por haber hecho posible la realización de la feliz iniciativa del Dr. Roberto Esquenazi-Mayo de consagrar un simposio al estudio de la vida y la obra del gran educador, patriota y sacerdote cubano, en este año en que celebramos el segundo centenario de su nacimiento.

Va también la expresión de nuestro agradecimiento a la Escuela de Lenguas y Lingüística de Georgetown University y su Vicedecano, el Dr. José M. Hernández, por su colaboración.

Félix Varela había nacido en La Habana el 20 de noviembre de 1788, hace justamente, este mes, doscientos años.[1]

Su madre y su padre murieron cuando era todavía un niño, y su educación quedó al cuidado de su abuelo materno, don Bartolomé Morales, y de la hermana de su madre, doña Rita.

Aunque su padre y su abuelo habían ocupado importantes cargos en el ejército español, la carrera militar nunca le atrajo, sino la del sacerdocio. Su modelo era el sacerdote irlandés Michael O'Reilly, párroco de San Agustín, Florida, ciudad donde transcurrió gran parte de su infancia. Cuando, siendo adolescente, le preguntaron un día por qué no abrazaba la carrera de las armas, repuso sin vacilar: "quiero ser soldado de Jesucristo, y no matar hombres, sino salvar almas".[2]

A fin de lograr la realización de sus ideales, se traslada a La Habana, ingresa en 1803 en el Seminario de San Carlos, y es ordenado sacerdote en diciembre de 1811, cuando todavía no contaba 24 años.

Siguiendo los deseos de su obispo, Juan José Díaz de Espada y Landa, pasa inmediatamente a figurar como profesor de Filosofía del Seminario.

En 1821, por haber sido puesta nuevamente en vigor la Constitución española de 1812, se le pide que se encargue de ofrecer un curso sobre este célebre cuerpo legal, y por este motivo se consagra por unos meses a enseñar Ciencia Política en el propio Seminario, cuyas aulas estaban en ese tiempo abiertas a todos los cubanos cultos a quienes pudieran interesar los cursos que en él se brindaban.

Este trabajo se dividirá, pues, en tres partes: dos dedicadas al contenido de las enseñanzas de Varela en el campo de la Filosofía y en el de la Ciencia Política; y una tercera, a la forma en que esas enseñanzas eran impartidas.

I

Qué enseñaba Varela como profesor de Filosofía[3]

Como sabemos, en el siglo XIII se produce dentro del campo católico un fuerte movimiento encaminado a combinar la filosofía de Aristóteles con las doctrinas básicas del cristianismo, es decir, la Escolástica. Las figuras principales que lo encabezaron fueron el fraile dominico Santo Tomás de Aquino y el fraile franciscano Duns Escoto. En la época de Varela, con algunas excepciones, sobre todo dentro de la orden franciscana, los autores católicos de tratados de filosofía se dividían en dos grandes grupos: los que seguían en todo a Santo Tomás y los que combinaban las ideas del más célebre teólogo y filósofo de la Iglesia con las de algunos pensadores de la época moderna, como René Descartes, John Locke, Christian Wolff, y Etienne Bonnot de Condillac.

El movimiento ecléctico, originado en Europa, especialmente en Francia, a mediados del siglo XVIII, halló muy pronto importantes seguidores en Iberoamérica, como los padres Andrés de Guevara y Juan Benito Díaz de Gamarra, en México; y el padre Luis Antonio Verney, en Brasil.[4]

En su período de formación filosófica Varela sigue cursos que representan el pensamiento de ambas tendencias: la escolástica tradicional, en la Universidad de La Habana; y la ecléctica, con fuerte base tomista, en el Seminario de San Carlos.[5]

En este último lugar su principal mentor fue el padre José Agustín Caballero, de cuyos cursos desgraciadamente no se conserva más que el tratado de Lógica, que es, en sus líneas esenciales, aristotélico-tomista. El título general de su obra se sabe que era *Philosophia electiva* [Filosofía electiva], y el propio Caballero lo explicaba diciendo que el mejor sistema que se podía seguir en Filosofía consistía en estudiar a varios autores, seleccionando o eligiendo (de aquí el uso de la palabra "electiva") lo que hubiera de más verosímil en cada uno.[6]

Ya ordenado de sacerdote y en su labor profesoral, el padre Varela se va alejando paulatinamente de muchas de las ideas y métodos de la escolástica tradicional. El primer trabajo que escribió como profesor de Filosofía en 1812, *Propositiones variae ad tironum exercitationem* [Proposiciones varias para el uso de los principiantes], estaba redactado en latín, y en el modo de exponer los argumentos, se ve que seguía con bastante fidelidad las reglas tradicionales de la escolástica de su tiempo, pero ya se declaraba abiertamente ecléctico.[7] En ese mismo año 1812, en el primer tomo de sus *Institutiones philosophiae eclecticae ad usum studiosae iuventutis* [Instituciones de filosofía ecléctica para uso de la juventud estudiosa], todavía desarrolla algunos temas de Lógica de acuerdo con la tradicion escolástica, pero ya se nota claramente la influencia del filósofo francés Etienne Bonnot de Condillac, del que más tarde volveremos a hablar.[8]

En 1813 comienza a escribir en español sus trabajos filosóficos, y en esta lengua se publican los tomos 3 y 4 de sus *Instituciones de filosofía ecléctica*, hoy lamentablemente perdidos.[9] En el Elenco o programa del curso de 1816[10] condena los tradicionales ejercicios escolares llamadas "disputas escolásticas"; y prescinde de la Ontología y la Lógica Formal, que eran parte esencial de la tradición aristotélico-tomista. Y en 1817, en un discurso, declara públicamente su entusiasmo por los "Elementos de Ideología", que había escrito en Francia unos años antes Antoine Destutt de Tracy.[11]

La primera edición de las *Lecciones de filosofía* de Varela ve la luz en 1818, pero no habiendo tenido acceso a ella, nuestra síntesis de la versión final de las doctrinas filosóficas enseñadas a sus discípulos vamos a basarla en la edición de 1824, que es la que publicó al llegar desterrado a los Estados Unidos.[12]

Para facilitar la comparación entre las ideas de Varela y las de la filosofía escolástica, vamos a partir de la clasificación de las disciplinas filosóficas propuesta por el pensador alemán Christian Wolff, que en la época de Varela era la más seguida, aunque con algunas variaciones, por los autores católicos, tanto escolásticos como eclécticos.

Wolff empieza por separar la Lógica, que es la filosofía del pensamiento, de la Filosofía Especulativa, que aspira a ser la filosofía de la realidad, y de la Filosofía Práctica, que es la de la conducta humana. En la Especulativa se incluyen: la filosofía de Dios, o Teología Racional; la filosofía del alma, o Psicología Racional; la filosofía de la naturaleza, o Cosmología; y la Ontología, encargada de estudiar los conceptos que pueden aplicarse a todos los seres, desde Dios hasta la naturaleza inanimada, pasando por el hombre. La Filosofía Práctica se identifica esencialmente con la Moral.

Varela no usa la palabra Lógica, sino que habla de "Tratado de la dirección del entendimiento".[13] Recordemos que la Lógica solía y suele dividirse en: Lógica Formal, encargada de la concordancia de unos pensamientos con otros; y Lógica Material, que se ocupa de la concordancia del pensamiento con la realidad. La Lógica aristotélico-tomista era por excelencia de carácter formal. Las leyes del silogismo nos enseñan si la conclusión que sacamos de dos premisas es o no correcta, pero no nos garantizan que las premisas estén de acuerdo con la realidad. Varela desdeña, por este motivo, toda la Lógica Formal, y nos presenta una breve teoría del conocimiento de la realidad, fundada en las doctrinas de Etienne Bonnot de Condillac y de su discípulo Antoine Destutt de Tracy, y una pedagogía del razonamiento, principalmente basada en sus ideas personales.

Pensaban Condillac y De Tracy que todas las ideas se podían reducir a sensaciones, y por este motivo exigían que detrás de toda afirmación se buscaran los experimentos u observaciones que les habían servido de punto de partida.[14] Varela no es tan radical como ellos, pues acepta que hay ideas que no pueden explicarse simplemente como sensaciones transformadas; pero sí exige un esfuerzo continuo por buscar la base empírica de todas nuestras afirmaciones.

En su negación radical del valor de la Lógica Formal, no pudieron nunca pensar Varela, Condillac o Destutt de Tracy que el instrumento más útil de las ciencias empíricas en nuestro siglo iba a tener su punto de partida en una rama no-aristotélica de la Lógica Formal: la Lógica Matemática, iniciada por George Boole en 1854. Me estoy refiriendo, como es de suponer, a las computadoras.

Una segunda rama de la Filosofía Escolástica de la que Varela prescinde es la Ontología o estudio del ser en general y de las propiedades más universales de los seres. Creía que en ella se discutían una serie de sutilezas de muy poca utilidad.

La tercera rama en que se aparta de la escolástica tradicional es la Cosmología o Filosofía de la Naturaleza. Pensaba Varela, no sin razón, que muchos tratados filosóficos de su tiempo continuaban basándose en las ideas que tenían acerca de la naturaleza los hombres de otros siglos. Y por ello en vez de Cosmología, dedicaba más de la mitad del tiempo asignado a sus cursos de Filosofía a clases de Física y Química.[15]

Estas clases no fueron nunca meras exposiciones verbales de conceptos y teorías, pues, en la medida de lo posible, incluían experimentos hechos en el aula, y realizados en muchos casos por los mismos estudiantes. "Anticipándose a su época, a su pueblo y a la nación a que pertenecía (dice José Ignacio Rodríguez, el primer biógrafo de Varela), hace traer aparatos, los construye él mismo, o indica la manera de construirlos, y descubre ante los ojos de la juventud atónita que lo rodeaba con tanta veneración como cariño, un nuevo campo, inmenso y hermosísimo, de investigación y estudios serios".[16]

Se sabe, por otras fuentes, que la Física y la Química fueron siempre dos de los grandes amores de Varela. Ello se nota, por ejemplo, cuando se lee *El Habanero*, el pequeño periódico político que publicó en los Estados Unidos en los primeros años de su destierro. Entre sus artículos Varela incluye algunos breves trabajos escritos por él en los que da cuenta de los últimos progresos de las ciencias, por ejemplo, en relación con la propagación del sonido o con la medición de la temperatura del agua del mar a considerables profundidades.[17]

La segunda parte de sus *Lecciones de filosofía* lleva el título de "Tratado del hombre",[18] y en ella Varela estudia los temas que en otros libros aparecen bajo los nombres de Psicología Racional, Moral y Teodicea (o Teología Racional).

La Psicología Racional de Varela[19] no concibe el alma, al modo tomista, como "forma substancial del cuerpo" y, por tanto, como causa inmediata de su vida; pero coincide con las ideas de San Agustín y Santo Tomás al explicar que es una substancia simple, espiritual, inmortal y dotada de libre albedrío.

En la Teodicea[20] defiende la existencia de Dios con los argumentos tradicionales del tomismo: las limitaciones esenciales de todos los seres creados, el orden del mundo...

Su Moral es esencialmente tomista, pues se basa en la teoría de la ley natural o Derecho Natural que Santo Tomás había llevado a su pleno desarrollo a partir de una tesis sugerida por los estoicos. Según esta teoría, las leyes morales se fundan en las exigencias espirituales y materiales del hombre (subrayemos que no son sólo materiales, pues esto llevaría al error de los hedonistas). De este doble carácter de la naturaleza humana y de su inevitable pertenencia a diversas sociedades (como la familia y la sociedad civil) surge toda la compleja trama de los derechos y deberes del hombre.[21]

Del reconocimiento de las necesidades del hombre como ser social y de la existencia de derechos que ningún gobernante le puede arrebatar, brota la filosofía de la sociedad de Varela,[22] cuya exposición, para evitar repeticiones, haremos coincidir con sus doctrinas de ciencia política.

II

Qué enseñaba Varela como maestro de ciencia política[23]

En 1821, cuando el Obispo Espada le pidió que ofreciera en el Seminario un curso de derecho constitucional, Varela escribió, para uso de sus alumnos, un manual que tituló *Observaciones sobre la constitución política de la monarquía española.*[24] Una gran parte de esta obra está dedicada a explicar los principales preceptos contenidos en dicha Constitución, y no tiene otro valor que el puramente didáctico. Lo más notable de todo el pensamiento de Varela son, en cambio, las consideraciones sobre filosofía de la sociedad y el estado que aparecieron en dicho libro y que complementan las doctrinas por él esbozadas en las *Lecciones de filosofía.*

Varela supone que la sociedad civil surge cuando los hombres primitivos, que vivían organizados en grupos familiares, comprendieron la necesidad de establecer una autoridad que coordinara los esfuerzos de todos los grupos y así protegiera los derechos de los ciudadanos y las familias.[25]

Los derechos humanos (como hoy decimos) o derechos del hombre (como Varela prefería llamarlos) van a constituir, por tanto, un punto central de su teoría política. Al surgir la autoridad civil, los individuos y familias tienen que entregarle a ésta algunos de sus derechos. Pero esta entrega se hace precisamente para asegurar otros derechos todavía más básicos.[26]

En aquellos tiempos era frecuente oir decir que la autoridad de los reyes venía de Dios. Pero Varela, desarrollando ideas contenidas en Santo Tomás y en San Juan Crisóstomo, va a distinguir entre la potestad y la persona. Es de derecho natural, y por tanto voluntad de Dios, que alguien gobierne la sociedad, y a ello se refiere la idea de que la potestad de mandar viene de él; pero no la designación de la persona, porque depende de las tradiciones y decisiones de los hombres. He aquí las palabras de Varela: "Distingamos la autoridad real y la persona real, o los individuos que gobiernan en una república; pues la primera debe decirse que es dada por Dios, de quien proviene todo poder, aunque se valga de la elección hecha por los hombres; mas la persona del rey depende enteramente de esta elección, y no se dirá que se falta a lo que Dios manda porque reine uno con tales o con cuales facultades, o que reine otro, o porque el pueblo, como sucede en algunas naciones, esté constituido en república y no en monarquía".[27]

Profundizando más en el tema, en otro párrafo del libro sobre la Constitución española, Varela reconoce dos principales maneras de considerar legítimo un régimen: una, la elección directa; y otra, el consentimiento libre de la sociedad por el cual se acepta como válida una determinada forma de gobierno.[28] Poniendo un ejemplo de nuestros días para explicar esta idea, podríamos señalar estas dos formas de autoridad legítima en la Gran Bretaña. Es legítimo el poder del primer ministro o primera ministra, porque proviene de una elección popular, y es legítimo el papel del rey o la reina, porque responde a una tradición libremente aceptada por el pueblo. Detrás de estas ideas de Varela está obviamente la teoría del "consenso popular" como fundamento de la legitimidad de un gobernante, proclamada por John Locke en 1690, y dada a conocer por primera vez, tres cuartos de siglo antes, por el gran filósofo tomista español Francisco Suárez.[29]

Cuando habla de la soberanía popular, Varela usa con frecuencia la frase "la voluntad general", que tomó de Jean Jacques Rousseau. Pero, a diferencia de este autor, piensa que esa "voluntad general" no es omnipotente, porque la limitan los derechos naturales de los individuos, que un gobierno no puede jamás negar, sea basándose en la decisión de un rey o en la opinión popular, y así afirmaba: "El hombre tiene derechos imprescriptibles de que no puede privarle la nación sin ser tan inicua como el tirano más horrible".[30]

Por rara que para algunos parezca la frase, Varela afirma que ni Dios siquiera pudiera negarles a los hombres sus derechos más esenciales: "Jamás se diga que un Dios justo y piadoso ha querido privar a los hombres de los derechos que él mismo les dio por naturaleza".[31] Esta frase es un eco de la doctrina de Santo Tomás que enseña que la moral no se basa en la voluntad arbitraria de Dios, sino en sus planes eternos, pues si otorgó a los hombres una determinada naturaleza, se estaría contradiciendo a sí mismo si preceptuara o aprobara actos que tendieran a destruir su propia obra. De aquí la inmutabilidad de los grandes principios de la ley moral.[32]

La igualdad de los hombres ante la ley es también, según Varela, un resultado de su naturaleza, porque es cierto que hay diferencias obvias entre unos y otros, pero por encima de esas diferencias está la igualdad esencial que los caracteriza por el mero hecho de ser hombres. He aquí sus palabras: "La igualdad legal se halla en la distribución de derechos, y es la única que no va acompañada de desigualdad en las operaciones, pues lo mismo debe decidirse el derecho de un pobre que el de un rico, el de un sabio que el de un ignorante".[33]

Basado en este principio, cuando acuda como diputado a las Cortes españolas, Varela preparará una *Memoria* en la que se proponía la abolición progresiva de la esclavitud.[34]

Pasando ahora del problema de las relaciones entre los individuos y la sociedad civil al de las relaciones entre distintas sociedades o pueblos, debemos empezar por recordar el sabio principio establecido por Varela en sus *Lecciones de filosofía* cuando afirmaba que "deben las leyes ser conformes a la naturaleza humana para serlo al derecho natural, e igualmente deben conformarse con las circunstancias y costumbres del pueblo a quien se dirigen".[35] Un principio semejante llevaba necesariamente a la afirmación de que un pueblo sólo debe ser gobernado por quienes conozcan a fondo sus circunstancias y costumbres, es decir, por quienes vivan en él o estén muy compenetrados con las necesidades y sentimientos de sus habitantes.

Este fue, pues, el fundamento filosófico del proyecto de ley que Varela presentó a las Cortes españolas sobre la concesión de una amplia autonomía a las colonias.[36]

Basado, por otra parte, en los principios ya enunciados en las *Lecciones de filosofía* y en las *Observaciones sobre la constitución política de la monarquía española*, de que la sociedad civil tiene como meta la salvaguardia de los derechos esenciales de los individuos que la componen, Varela aplicará esta doctrina a las relaciones entre colonias y metrópolis, para afirmar que tales situaciones de dependencia sólo pueden justificarse "en virtud de una recompensa que las colonias encuentran en la protección y garantía que se les presta".[37] Al fallar en estos servicios la metrópolis, la independencia colonial estaba plenamente justificada, y ésta es la posición final que asume Varela en 1824.

Las actitudes políticas asumidas por Varela a partir de su salida de Cuba en 1821 no son, pues, otra cosa que las consecuencias lógicas de los principios que había enseñado como maestro de Filosofía y Ciencia Política en el Seminario de San Carlos.

Lo más valioso de su obra es, pues, la coherente síntesis de democracia y cristianismo que en ella nos legó.

Entre los autores que supieron combinar en América el pensamiento filosófico católico con las ideas democráticas, es justo mencionar al jesuita mexicano Francisco Xavier Alegre, cuyas enseñanzas sobre el origen de la autoridad eran, en el siglo XVIII, muy parecidas a las que luego iba a proclamar Varela. En Colombia, el destacado patriota Antonio Nariño, cuando fue acusado ante los tribunales bogotanos por haber publicado una versión en español de la Declaración de los Derechos del Hombre de la Revolución Francesa, basó su defensa en textos de Santo Tomás que podían servir de fundamento a aquel histórico documento.

Pero, en líneas generales, es necesario reconocer que, si bien en Hispanoamérica hubo muchos sacerdotes y obispos que simpatizaron con los ideales democráticos en los años de las luchas por la independencia, no abundaron los estudios sistemáticos que combinaron esos ideales con los grandes principios de la moral cristiana.[38]

III

Cómo enseñaba Varela

A principios de siglo XIX todavía había en Cuba maestros cuyos alumnos se veían forzados a adoptar una actitud pasiva frente a ellos. El profesor exponía sus ideas, y los alumnos, tras algunas preguntas, tomaban nota de la explicación, y la trataban de memorizar para poderla repetir en la clase al día siguiente.

Varela propone, por el contrario, un sistema de enseñanza en que el alumno participe lo más activamente posible.

Empieza por afirmar que las explicaciones de clase debían darse en un lenguaje claro y sencillo, ya que el maestro no debía tratar de demostrar la vastedad de sus conocimientos, sino adaptarse en todo momento al nivel de sus alumnos. Este es el motivo por el que aparecía al frente de sus *Lecciones de filosofía* la célebre frase de Condillac "yo no escribo sino para los ignorantes".[39]

Insistía también Varela en que la finalidad de la enseñanza no era sólo comunicar conocimientos, sino desarrollar la capacidad de comprensión de los alumnos. De aquí la técnica genial por él seguida en sus clases y descrita en la 5a. edición de las *Lecciones de filosofía*: "En los últimos años que enseñé en el Colegio de San Carlos de La Habana...explicábales la materia que me proponía que aprendiesen, poniendo mucho cuidado en no divagar, y en ser claro y preciso, y después eligiendo uno de ellos, le exigía que me considerase como su discípulo y que me enseñase aquella lección. Yo procuraba hacer mi papel preguntando si no estaba muy clara la explicación, y cuando me encontraba enseñado por mi discípulo, quedaba satisfecho".[40]

En la Lección Preliminar del Curso de 1818 había ya declarado enfáticamente: "mis discípulos tendrán una plena libertad de discurrir y proponer sus pensamientos del modo que cada uno pueda".[41]

No perdía nunca Varela, por otra parte, la oportunidad de tratar a cada grupo de estudiantes, y a cada estudiante dentro de cada grupo, de acuerdo con sus características particulares, siguiendo en esto el énfasis en la individualización de la enseñanza que predicaba en Suiza el ilustre pedagogo Johann Heinrich Pestalozzi. He aquí cómo expresa Varela estas ideas: "El gran secreto de manejar la juventud sacando partido de sus talentos y buenas disposiciones, consiste en estudiar el carácter individual de cada joven y arreglar por él nuestra conducta".[42]

En relación con las motivaciones que deben ponerse en juego en la educación de los jóvenes, Varela se manifiesta abiertamente contrario a la emulación, o sea a las competencias entre los estudiantes para ver quien sobresale más. Basado en sus experiencias personales, confiaba más en las elevadas aspiraciones de los alumnos y las dotes del profesor.[43]

No fue, pues, casualidad que por los cursos de Varela desfilaran tantos jóvenes que iban a brillar luego en distintos campos de la vida cubana en el siglo XIX: el naturalista Felipe Poey, de fama internacional; el célebre autor de la *Historia de la esclavitud en América*, José Antonio Saco; el pedagogo y escritor Anselmo Suárez y Romero; el pensador y fundador de "El Salvador", el más famoso colegio cubano de su época, José de la Luz y Caballero; el profesor de la Universidad Manuel González del Valle; el líder político y social Gaspar Betancourt Cisneros; el jurista Nicolás de Escobedo; el sacerdote y profesor de Filosofía Francisco Ruiz; el poeta y principal mentor de Martí, Rafael María de Mendive...[44]

El empeño de Varela por desarrollar al máximo la mentalidad de sus discípulos es lo que explica la hiperbólica frase que un día pronunció acerca de él su discípulo Luz y Caballero: "mientras se piense en la isla de Cuba, se pensará en quien nos enseñó primero a pensar".[45]

NOTAS

1. En un artículo publicado en 1942 en la *Revista Bimestre Cubana*, 49, 69-72, bajo el título de "Rectificación de dos fechas: las del nacimiento y muerte del Padre Varela", Francisco González del Valle sugería que había nacido en 1787, y no en 1788 (como siempre se había supuesto), y esta idea fue recogida luego en algunos escritos de otros autores. Para una refutación de la tesis de González del Valle sobre el año del nacimiento, véase José I. Lasaga, "¿Por qué se está celebrando este año el bicentenario del Padre Varela?", *Diario Las Américas* (Miami, Florida), 5-A (3 mayo 1988). En relación con el día de la muerte, dos de los principales biógrafos de Varela, José I. Rodríguez y Joseph y Helen McCadden, se decidieron por el 18 de febrero de 1853, mientras que Antonio Hernández Travieso señalaba el 25 de dicho mes. Sobre este tema, y en apoyo de la opinión de Hernández Travieso (que era también la de González del Valle), véase José I. Lasaga, "¿Cuándo murió el Padre Varela?", *Diario Las Américas* (Miami, Florida), 5-A, (18 febrero 1987).

2. Esta frase se lee en la necrología publicada en el *New York Freeman's Journal and Catholic Register*, 19 March 1853, 4-5.

3. Para una visión general del pensamiento filosófico en Cuba, véase: Medardo Vitier, *La filosofía en Cuba* (México: Fondo de Cultura Económica, 1948).

Acerca del pensamiento filosófico de Varela deben leerse: a) Roberto Agramonte, "El Padre Varela: El primero que nos enseñó a pensar", *Revista de la Universidad de La Habana*, 5 (1937), 64-87; b) Antonio Hernández Travieso, *Varela y la reforma filosófica en Cuba* (La Habana: Jesús Montero, 1942); c) Gustavo Amigó Jansen, S.J., "La posición filosófica del Padre Varela", (tesis inédita para el doctorado en Filosofía y Letras, Universidad de La Habana, 1947). La Editorial Cubana, S.A. (Miami, Florida) ha anunciado que, en homenaje a Varela, la tesis del P. Amigó será publicada próximamente. La importancia de esta tesis radica en que trata extensamente los puntos de coincidencia de Varela con la Escolástica, poco estudiados en otras obras.

4. Las obras de Guevara, reimpresas en España en la primera mitad del siglo XIX, fueron usadas como texto en muchos seminarios de la Península. De los *Elementa recentioris philosophiae* [Elementos de filosofía moderna] de Díaz de Gamarra hay una versión española de Bernabé Navarro (México: Universidad Nacional Autónoma de México, 1963). Sobre Verney, ver María del Carmen Rovira, *Eclécticos portugueses del siglo XVIII* (México: Colegio de México, 1958).

5. Sobre este punto véase: Antonio Hernández Travieso, "Expediente de estudios universitarios del presbítero Félix Varela", *Revista Bimestre Cubana*, 49 (1942), 388-401.

6. La frase de Caballero que aquí recordamos aparece en su *Philosophia Electiva* [Filosofía electiva] (La Habana: Universidad de La Habana, 1944), 209-10. En la Introducción a ese libro, el Dr. Jenaro Artiles niega que la palabra "electiva" pueda ser traducida por "ecléctica". Se basa principalmente en el hecho de que entre los libros de la biblioteca de la Compañía de Jesús en La Habana, se sabe que había un texto que llevaba el título de *Theologia electiva*, y piensa que no podría hablarse, dentro de la ortodoxia católica, de una "Teología ecléctica". Esto no es del todo exacto. Dentro del acatamiento a las verdades reveladas, existieron siempre en el seno de la Iglesia diversas explicaciones teológicas, y esto puede llevar a un autor a adoptar, incluso en Teología, una actitud que podríamos definir como ecléctica en cuanto al significado de esta palabra, aun cuando el autor prefiera no usarla. Una posible razón de la decisión de Caballero de no emplear la palabra "ecléctica" puede haber estado en el hecho de que por este nombre eran conocidos los filósofos de la Escuela de Alejandría en los siglos II y III de la era cristiana, como el propio Caballero recuerda en su libro (18-19). Quizás para no identificarse del todo con las ideas que predominaban en dicha escuela, prefirió llamar a su obra *Philosophia electiva* y no *Philosophia eclectica*.

7. Las Proposiciones fueron publicadas como apéndice al primer tomo de las *Instituciones de filosofía ecléctica*, 1, *Lógica* (La Habana: Cultural, 1953).

8. De esta obra sólo se conserva el primer tomo, que trata de la *Lógica*. Para la edición de 1953, con el texto latino y la correspondiente versión española, véase la referencia 7.

9. Félix Varela, *Instituciones*, 3 (Habana: Boloña, 1813). Citado por José I. Rodríguez, *Vida del presbítero Félix Varela*, 3 (New York: O Novo Mundo, 1878), 22.

10. Félix Varela, *Doctrinas de Lógica, Metafísica y Moral enseñadas en el Real Seminario de San Carlos de la Habana* por el Presbítero Don Félix Varela (1816). En Antonio Bachiller y Morales, *Apuntes para la historia de las letras y de la instrucción pública en la isla de Cuba* (1860), 2 (La Habana: Edición de la Universidad de La Habana, 1936), 290-326.

11. "Discurso leído por el Presbítero D. Félix Varela, catedrático de filosofía en el Real Seminario de San Carlos, en la primera Junta de la Sociedad Patriótica de la Habana a que asistió después de su admisión en dicho cuerpo". En José I. Rodríguez, *Vida*, 7, 57-64. El tema del discurso fue: "Influencia de la ideología en la sociedad y medios de perfeccionar este ramo".

Destutt de Tracy sostenía que era posible, siguiendo ciertas reglas básicas, enseñar a los niños a razonar bien, al igual que se enseña a leer o a contar. Esta idea les resultaba fascinante a muchos grandes líderes políticos de la época, como Thomas Jefferson, en los Estados Unidos, y Bernardino Rivadavia, en la Argentina. Jefferson hizo publicar en inglés dos de las obras de Destutt de Tracy, bajo su firma como traductor. Rivadavia, por su parte, logró que en la Argentina se establecieran cátedras de Ideología para explicar las doctrinas del pensador francés. Sobre las relaciones de Destutt de Tracy con Jefferson y Rivadavia, véase Emmet Kennedy, A *"philosophe" in the age of Revolution—Destutt de Tracy and the origins of "Ideology"* (Philadelphia: The American Philosophical Society, 1978).

12. Félix Varela, *Lecciones de filosofía* (1824) (La Habana: La Verónica, 1924). En 1819 Varela había publicado un librito destinado a ampliar algunas de las ideas contenidas en sus *Lecciones* al que llamó *Miscelánea filosófica* (La Habana: Universidad de La Habana, 1944).

13. Idem, *Lecciones*, 1, Tratado de la Dirección del Entendimiento, 1-9: 19-131.

14. La obra principal de Condillac, publicada en 1754, fue el *Traité des sensations*. En ella se lee la famosa parábola de la estatua que va adquiriendo sus ideas sobre la realidad a medida que se van abriendo sus sentidos, empezando por el del olfato. En los primeros años del siglo XIX Destutt de Tracy escribió cuatro libros bajo el título de *Eléments d'Idéologie*. Versaban sobre "la Ideología propiamente dicha", la Lógica, la Gramática, y "la Voluntad y sus efectos". (De los dos primeros tomos hay una edición moderna: Paris, Henri Gouthier, 1970). El Padre Varela dedicó la primera parte de su *Miscelánea filosófica* (5-37) a presentar un resumen de las ideas de Destutt de Tracy.

15. Idem, *Lecciones*, 2 y 3.

16. Rodríguez, *Vida*, 4, 35.

17. Varela, *El Habanero*, 1, 35-43.

18. Idem, 1, "Tratado del Hombre", *Lecciones*, 1-18: 133-320.

19. Ibid., 1, "Tratado del Hombre", 1-9: 133-241. En algunas de las lecciones de esta parte del libro, como en la III y partes de la IV, la V y la VI, a la discusión de los problemas filosóficos propiamente dichos, se añade el desarrollo de temas puramente científicos que pertenecen por entero a la Anatomía y la Fisiología. En las lecciones VII, VIII, IX y X se discute el tema de las inclinaciones y pasiones del hombre, pasándose continuamente de la filosofía pura a la psicología descriptiva. La X contiene un interesante análisis de los sentimientos de tipo estético. Este tránsito de la filosofía en sentido estricto (discusión de los problemas fundamentales del hombre y el Cosmos) a las ciencias empíricas no representaba una contradicción interna del pensamiento de Varela, ya que él sostenía que, en cierto modo, "todas las ciencias naturales pertenecen a la filosofía" (*Lecciones*, 1, Noción de la filosofía, 12), y que, por lo tanto, era legítimo un continuo ir y venir de un campo al otro.

20. Ibid., 1, "Tratado del Hombre", 18: 296-320. Varela empieza esta lección con una discusión rigurosamente filosófica del tema de Dios, y decide luego complementarla, antes de acabar el libro, con unas consideraciones teológicas acerca del carácter divino de la religión cristiana.

21. Ibid., 1, "Tratado del Hombre", 12-15: 241-77.

22. Ibid., 1, "Tratado del Hombre", 16-17: 277-96.

23. Sobre este tema pueden verse varios trabajos publicados en Cuba, como el de Enrique Gay Calbó, "El ideario político de Varela", *Revista Cubana*, 5 (1936), 23-47; y el de Herminio Portell Vilá, "Sobre el ideario político de Varela", *Revista Cubana*, 1 (1935), 243-65. En los Estados Unidos, Gemma Marie Del Duca, S.C. escribió en 1966 una tesis doctoral en la Universidad de New Mexico, con el título de "A political portrait: Félix Varela y Morales" (Ph.D. dissertation, University of New Mexico, 1966).

24. Varela, *Observaciones sobre la constitución política de la monarquía española* (La Habana: Universidad de La Habana, 1944).

25. Ibid., Observación 1, 12.

26. Idem, 1, "Tratado del Hombre", *Lecciones*, 17, 283-84. La tesis de los derechos humanos como razón y fundamento de la sociedad civil había sido desarrollada y populatizada por John Locke a fines del siglo XVII. Es interesante, sin embargo, notar que esta idea parte de la doctrina del Derecho Natural de Santo Tomás, que le había llegado al filósofo inglés a través del teólogo anglicano Richard Hooker; y de Locke pasó luego a Jefferson, quien la condensó en el más conocido párrafo de la Declaración de Independencia de los Estados Unidos. [Sobre este punto puede verse: Carl Becker, *The Declaration of Independence: A study in the history of political ideas* (New York: Knopf, 1969)]. La idea de un pacto explícito o implícito como punto de partida de la constitución de la sociedad civil pudo habérsele ocurrido a Locke por razón de lo sucedido en América cuando se establecieron las primeras colonias inglesas. No sabemos, en realidad, si Varela la tomó directamente de Locke o de los autores franceses que se hicieron eco de ella después.

27. Idem, *Observaciones*, Observación 1, 15-16. Los textos en que esta frase se basa aparecen citados en las *Cartas a Elpidio sobre la impiedad, la superstición y el fanatismo*, 1 (La Habana: Universidad de La Habana, 1944-1945), 2: 63. El de Santo Tomás, está en la *Summa Theologica*, II-II, q. 104, a.6 ad 3. El de San Juan Crisóstomo, en el "Comentario a la Epístola a los Romanos", c. 13.

28. Ibid., Observación 1, 12.

29. La principal obra de filosofía política de Suárez es su tratado *De legibus* [De las leyes], pero la tesis que aquí mencionamos fue desarrollada en su libro *Defensio fidei* [Defensa de la fe], publicado en 1613, para refutar la teoría del derecho divino de los reyes tal como la entendía el rey de Escocia e Inglaterra, Jacobo I.

30. Idem, *Observaciones*, Observación 2, 19.

31. Ibid., Observación 1, 16.

32. Para la doctrina de la "ley natural" en Santo Tomás, véanse los siguientes artículos de la *Summa Theologica* 1-2, q. 91, a. 1-4, y q. 94, a. 2.

33. Varela, *Observaciones*, Observación 2, 23.

34. Idem, "Memoria que demuestra la necesidad de extinguir la esclavitud de los negros en la Isla de Cuba, atendiendo a los intereses de sus propietarios". Este documento aparece publicado como un apéndice a la edición que la Universidad de La Habana hizo de las *Observaciones* (La Habana: Universidad de La Habana, 1944).

35. Idem, 1, "Tratado del Hombre", *Lecciones*, 17, 287.

36. "Proyecto de instrucción para el gobierno económico-político de las Provincias de Ultramar". (Publicado como apéndice a las *Observaciones*, 181-87).

37. La cita está tomada del artículo "Tranquilidad de la Isla de Cuba", publicado en *El Habanero*, 2 (1824), 54-55. Este periódico salió en los Estados Unidos de 1824 al 1825. Esta cita corresponde a la edición de *Ideal* (Miami, Florida: 1974). Para los principios en que se funda, véanse "Tratado del Hombre", *Lecciones*,1, 17: 283-84, y las *Observaciones*, Observación 1, 11.

38. Véase Jaime Rubio Angulo, *Historia de la filosofía latinoamericana* (Bogotá: Universidad de Santo Tomás, 1979). También Jaime Jaramillo Uribe, *El pensamiento colombiano en el siglo XIX* (Bogotá: Temis, 1964).

39. He aquí lo que decía Ramón Zambrana, uno de los discípulos de Varela: "Varela explica, y todos le comprenden, porque jamás se extravía en esas oscuras especulaciones a que conducen muchos de los peregrinos sistemas de nuestra época [...] Varela enseña, y tal parece que no hace más que despertar en nuestro entendimiento cosas que ya sabíamos perfectamente, conocimientos que habíamos ya adquirido por los solos esfuerzos de nuestra inteligencia". (En Rodríguez, *Vida*, 15, 154).

40. *Lecciones de filosofía* (1841), (La Habana: Universidad de La Habana, 1961-1962), Introducción, 13.

41. "Lección preliminar dada a sus discípulos por el Presbítero Don Félix Varela, al

empezar el estudio de la Filosofía, en el Real Colegio de San Carlos de la Habana, el día 30 de marzo de 1818". (En Rodríguez, *Vida*, 12, 104).

42. Félix Varela, *Cartas a Elpidio*, 1, 4: 111.

43. "La emulación rara vez llega a ser racional, y por lo regular degenera en un encubrimiento de pasiones despreciables". Félix Varela, "Lección preliminar de 1818". (En Rodríguez, *Vida*, 12, 104).

44. Joseph McCadden, and Helen McCadden, *Félix Varela—Torch bearer from Cuba*, 1 (New York: United States Catholic Historical Society, 1969), 27. También Antonio Hernández Travieso, *El Padre Varela—Biografía del forjador de la conciencia cubana*, 2a ed. (Miami, Florida: Ediciones Universal, 1984), 9: 123-52. Es interesante notar que la doctrina de Martí de que la guerra está motivada por las ansias de libertad de los cubanos, pero no por odio a España o a los españoles, tiene claros antecedentes en Mendive, el maestro de Martí, y en Varela, el maestro de Mendive. En relación con este punto, véase, para Mendive: José I. Lasaga, *Vidas cubanas-Cuban Lives*, 2 (Miami, Florida: Ediciones Universal, 1988), 276-78, y para Varela, *El Habanero*, 2, 80-83.

45. José de la Luz y Caballero, "Filosofía", *Gaceta de Puerto Príncipe*, 2 mayo 1840. (En Rodríguez, *Vida*, Apéndice E, 404.)

VARELA, DOS SIGLOS DESPUES

ALBERTO CORDERO

Introducción

¿Por qué y en qué medida es necesario el estado? La autoridad civil, acepta Varela, surge de una transacción en la cual los individuos renuncian a algunas de sus libertades a cambio de protecciones y garantías específicas, en particular, como medio de asegurar los derechos más fundamentales del ser humano. Las leyes—sostiene—son necesarias, pero deben "ser conformes a la naturaleza humana para serlo al derecho natural, e igualmente deben conformarse con las circunstancias y costumbres del pueblo a quien se dirigen".[1]

Interesante visión de un mundo todavía por realizar, si nos detenemos a sospechar que en vastos sectores de nuestro continente los ciudadanos todavía parecieran dividirse casi perfectamente en dos categorías: quienes operan por encima de la ley constitucional y quienes sobreviven por debajo de ella.[2] El contraste entre la realidad contemporánea y los ideales de la generación de Varela es doloroso e invita profundas preguntas acerca de la concepción misma de la democracia, las cuales no es posible tratar adecuadamente en un espacio limitado. La obra de Varela, sin embargo, nos da la oportunidad de rendir homenaje al nivel y la calidad del pensamiento filosófico y político en la América española durante el período inmediatamente anterior al de las guerras de independencia.

Los temas centrales de Varela

Sorprende la actualidad de las preocupaciones intelectuales de Varela: deseo de articular una concepción racional de la democracia y el estado, necesidad de perfeccionar la educación tanto en el fondo como en la forma, interés por la ciencia, cautela frente a la filosofía excesivamente teórica.

Tomemos, por ejemplo, la manera como Varela concibe la dirección del entendimiento.[3] Su negación del valor de la lógica formal para entender el conocimiento, más juiciosa que la de los empiristas de fines del siglo XVIII, tiene una resonancia contemporánea inesperada. En efecto, si bien es cierto que la lógica renace brillantemente a principios de este siglo, su interés actual, lejos de contradecir las sospechas de Varela las confirma, pues el éxito de la nueva lógica se limita a arenas sumamente restringidas de la matemática y la tecnología filosófica, de limitada utilidad para entender lo más característico del conocimiento moderno: su vigoroso desarrollo conceptual. Consideraciones análogas podrían hacerse, me parece, en relación con el menosprecio de Varela por la ontología tradicional, esto es, el estudio abstracto del ser en tanto que ser, hoy en bancarrota intelectual, no tanto en virtud de las flagrantes sutilezas "carentes de utilidad" de la ontología como por la manifiesta arbitrariedad del tipo de afirmaciones que le sirven de base.

Las ideas políticas

Pero, sin duda, las ideas más interesantes de Varela se encuentran en su concepción de la autoridad civil y la democracia a partir de la visión escolástica de la naturaleza humana. Varela nos ofrece una concepción algo olvidada de la vida política, mas no una visión carente de sugerencias luego de dos siglos de esperanzas y experimentos cívicos frustrados en América Latina y el mundo. En "Varela, el Maestro," el Prof. Lasaga destaca perceptivamente algunas tesis que, leídas hoy, tienen un carácter de alegato contra importantes convenciones de turno:

1) Que un pueblo sólo debe ser gobernado por quienes, jugando un papel legítimo en el marco de una tradición libremente aceptada, conozcan a fondo sus circunstancias y costumbres, es decir por quienes estén compenetrados con las necesidades y sentimientos de sus habitantes. No por quienes simplemente "vivan en él".

2) Que la igualdad de los hombres ante la ley procede de una naturaleza compartida por encima de las diferencias individuales,

3) Que el fundamento de la legitimidad de un gobierno debe proceder del consenso popular, pero que la voluntad popular no puede

ser omnipotente porque la limitan los derechos fundamentales de los individuos, que un estado no puede negar.

Aproximación crítica

Los temas de Varela son evidentemente de actualidad. Pero, hecho este justo reconocimiento, cuidado: la contemporaneidad filosófica de Varela pudiera ser ilusoria; es necesario profundizar el análisis de su pensamiento a fin de comprender la posición que ocupa tanto en la historia como en la actualidad. Tratemos, pues, de situar a Varela en el contexto de su propia tradición, la filosofía escolástica tardía, aunque en esta oportunidad sólo podamos hacerlo de una manera sumaria y preliminar. Tratemos de comprender, por ejemplo, la relativa indiferencia de Varela frente a la filosofía más amplia que la de su desencanto inmediato con la lógica decimonónica y las disciplinas más abstractas de la filosofía tradicional. No lo olvidemos, estamos ante un filósofo robustamente católico y, en tal medida, ante un depositario de cierta peculiarísima tradición de desencanto frente a los poderes de la razón humana, cuyos orígenes se remontan a la suma de respuestas dadas por la iglesia a problemas teológicos, en especial a imaginativos arreglos de cuentas en materia de los alcances y límites del poder Divino.

Recordemos, a manera de ilustración, la aproximación de Suárez al problema de la existencia de Dios. Los efectos de la actividad de Dios en el mundo—nos dice el célebre pensador español—dan lugar a una demostración clara de su existencia, pero—continúa—dicha demostración, por pertenecer a la esfera de una perspectiva superior, está fuera del alcance de la inteligencia finita del hombre. Que Suárez hablase de esta manera no es algo contextualmente inesperado. Ya en 1277 la célebre declaración de París, triunfo de las suspicacias de otro ibérico notable, Juan XXI (Petrus Hispanus), había afirmado la omnipotencia y libertad de Dios frente a las exigencias de la razón aristotélica, con ramificaciones notables. Así, en pleno siglo XIV, mientras la renovada filosofía aristotélica ponía énfasis en el papel de los sentidos en el descubrimiento de la verdad, Buridan, Oresme y otros cristianos devotos se empeñan en mostrar la impotencia radical de la razón y los datos de los sentidos para determinar la verdad. Con beneplácito teológico, Oresme muestra que los movimientos celestiales pueden explicarse tanto en términos de la rotación de los cielos como la de la Tierra, a despecho de las intensas insinuaciones de los sentidos y la razón humana en favor de la primera forma de explicación. El mensaje de estos esfuerzos resulta transparente: las grandes verdades y los propósitos divinos no sólo trascienden los alcances de la razón humana, sino que, incluso dentro del marco de dicha razón, Dios está en capacidad de actuar en contradicción con las informaciones aparentemente proporcionadas por los sentidos. Sabemos que la Tierra está en reposo, pero sólo porque la Biblia nos lo revela en lugares como el Salmo 93, no gracias a la ciencia natural.

Aunque es innegable que el espíritu moderno nace en buena parte de esta apertura teológica de lo concebible, de este descubrimiento de la *posibilidad* de romper con moldes tradicionales del pensamiento, es falso que la modernidad de Copérnico, Kepler o Galileo, concebida como afirmación de los poderes de la razón humana por encima de los sentidos, haya sido (o pudiera ser) un producto deliberado de las preocupaciones teológicas anotadas, cuyo proyecto fundamental era, después de todo, preservar el mundo medieval.[4] Mi propuesta es simplemente que no podemos hablar de las visiones católicas decimonónicas de la ciencia en América Latina sin tomar en cuenta la peculiar tradición de fe de la cual eran depositarias. El pensamiento católico se aproxima a la visión contemporánea en la medida que destaca el carácter tentativo o hipotético de los resultados de la razón natural, pero se aleja de ella radicalmente en la medida que afirma la existencia y supremacía de verdades superiores en principio a la esfera de dicha razón.

La situación contemporánea

Con la perspectiva que da el tiempo, descubrimos que si bien muchos de los ideales filosóficos, científicos y políticos que animaron a Varela continúan vigentes, los argumentos del Maestro, basados como están en una concepción teológica del mundo y la naturaleza humana, han perdido actualidad. Esto resulta cierto tanto en el terreno teórico como en el político, en relación con los cuales Varela asume como doctrina simplemente mucho más de los que la mayoría estamos dispuestos a aceptar hoy en día. ¿Puede decirse, pues, que su pensamiento tiene posibilidades en el mundo contemporáneo? ¿Es posible repensar los ideales de Varela desde una perspectiva intelectual más contemporánea?

En el campo político, un problema básico para quienes compartimos los ideales de Varela, es el vacío dejado en el mundo cultural por el rechazo moderno de la doctrina religiosa de la naturaleza humana. Desde el punto de vista de la ética, se trata de un vacío colosal, pues, como muestra la historia de la filosofía, sin dicha doctrina la argumentación acerca del bien (individual o común) se torna sumamente ardua, conduciendo a una ruptura difícil de cerrar entre los conceptos de individuo y sociedad.

A nivel cotidiano, la cultura contemporánea muestra desde todos los ángulos como la concepción de los valores vigentes en la *práctica* nos acerca cada vez más a la situación de bancarrota espiritual contra la cual tanto nos previno John Stuart Mill, el gran filósofo de la libertad, en sus comentarios acerca de los peligros del individualismo. La novela *Walden Two* de B.F. Skinner o el microcosmo nocturno del "Port Authority Bus Terminal", en la ciudad de New York, son testimonios elocuentes al respecto.

¿Qué hacer frente a la ignorancia popular de los grandes valores?, se preguntaba Stuart Mill a mediados del siglo pasado. Su repuesta, generosa—si bien a decir de muchos, inconsistente—fue proponer una distinción, en último término *moral*, entre formas altas y bajas del placer y la felicidad, y defender a rajatabla el concepto de educación obligatoria. Hilary Putnam[5] destaca en un reciente libro la imposibilidad de denunciar, a partir de la cultura popular actualmente dominante, horrores políticos como los prefigurados por Aldous Huxley en *Brave New World* (o en serio por Skinner en *Walden Two*). La concepción popular de la felicidad nos deja inestablemente a las puertas de formas atroces del infantilismo y el fanatismo.

¿Podrán volver a servirnos de guía los ideales de Suárez y Locke, Jefferson, Varela y Bello? Observemos que destacar la hipótesis existencial de Varela no significa desdeñar el proyecto de recuperar, ahora fuera del marco de la religión y la teología, las muchas intuiciones sociales de su discurso político que aun podemos percibir como interesantes en nuestro tiempo. Qué duda cabe. La elucidación contemporánea de semejante apertura no será tarea fácil. No es, en todo caso, una tarea urgente únicamente en el continente americano. Por el contrario, la tensión entre los ideales de libertad y las dificultades de su articulación filosófica, como la tensión entre los conceptos de libertad y voluntad popular, es hoy de carácter mundial y se manifiesta en un conflicto, nada decidido, entre los ideales de la oportunidad y la participación ciudadana por un lado, y las fuerzas más oscuras del populismo, el oportunismo y el fanatismo por el otro.

¿Es, pues, posible concebir los derechos fundamentales y la igualdad de los hombres sin contar con el auxilio de horizontes filosóficos universales o teleologías trascendentales? ¿Cómo hemos de concebir la autoridad, doscientos años después del nacimiento de Varela, especialmente entre quienes hoy en día aceptamos el carácter problemático de la verdad y la esperanza racional? Estas preguntas son sin duda vastas, y las repuestas existentes, todas tentativas, varían a diestra y siniestra. Pero las dificultades, aunque reales, no parecieran ser de carácter terminal. Para un número creciente de pensadores cautelosamente optimistas,[6] a despecho de todas las aparencias en contra, la noche de la filosofía del siglo XX trae consigo oportunidades renovadas para la afirmación de la libertad y, con ellas, luces inéditas de tolerancia en la historia humana. ¿Puede ser legítimo el optimismo de estos intelectuales?

La comprensión de la vida política en términos contemporáneos que hablan de acceso falible a la verdad y de tolerancia filosófica impone, por cierto, ciertas condiciones. Para empezar, exige la existencia de tolerancia. Y luego, para preservar la tolerancia, exige también la existencia concomitante de un estilo de vida individual peculiarmente crítico, abierto a las nuevas ideas pero siempre en estado de alerta, de permanente vigilancia en torno a la vida y la renovación educada de las transacciones fundamentales en que se origina la autoridad civil. Estas son apenas algunas condiciones indispensables, de seguro insuficientes, pero no está claro que tal cosa tenga que ser un problema.

En realidad la falta de condiciones suficientes en este campo, lejos de ser un problema, pudiera quizás entenderse mucho mejor como la simple ausencia de garantías intelectuales absolutas y, en tal medida, en último análisis como una *oportunidad para celebrar filosóficamente los peligros de la libertad*.[7] La oportunidad es, pues, taxativa en la medida que impone la tarea de tomar en serio la fragilidad de las plenitudes humanas, tanto a nivel individual como cívico. No fue ninguna coincidencia que Varela, Jefferson, Bello y todos los grandes patriarcas de la libertad en América comprendieran con claridad el carácter estratégico sin precedentes de la educación en el mundo del futuro, mucho menos que contribuyesen con nobleza tan ejemplar a sacarla adelante, Félix Varela muy en particular.

NOTAS

1. Félix Varela, "Tratado del Hombre", *Lecciones de filosofía*. 1824. Citado por José I. Lasaga en su ponencia.

2. En el caso de mi país, Perú, por ejemplo, estudios de orientación inicial tan diferentes como los de Luis Pasara, *Jueces, justicia y poder en el Perú* (Lima: Centro de Estudios de Derecho y Sociedad, 1982), y Hernando de Soto, *El otro sendero* (Lima: Editorial El Barranco, 1986), confirman esta sospecha a discreción.

3. Véase su *Lecciones de filosofía* (La Habana: Universidad de La Habana, 1961-62).

4. Ni, por razones análogas, podía ser un producto particularmente deseado por la Iglesia, cuya tesis era justamente que la limitada razón humana no puede elevarse por encima del nivel de las "hipótesis". Véase, por ejemplo, Hans Blumenberg, *The Genesis of the Copernican World* (Cambridge, Mass.: MIT Press, 1987).

5. Hilary Putnam, *The Many Faces of Realism* (La Salle, Ill.: Open Court, 1987).

6. Entre muchos otros, John Rawls, Ronald Dworkin, Hilary Putnam desde la filosofía; Jean-Francois Revel, Mario Vargas Llosa, Carlos Rangel desde el ensayo literario.

7. Contrariamente a lo que pudiera sospecharse a primera vista, pensar de esta manera no nos condena al relativismo, ni al escepticismo, menos aun al melodrama existencialista, si bien son temas que no me es posible considerar aquí. Véase, por ejemplo, Alberto Cordero, "Can We Distinguish Between Science and Philosophy?", en el volumen *Science and Metaphysics, Proceedings of the 9th Centennial of Bologna University. Epistemología* 11 (1989), 65-82.

*FELIX VARELA, EL PATRIOTA CUBANO DE TRES MUNDOS[1]

ANTONIO HERNÁNDEZ TRAVIESO

Con motivo de celebrarse este año de 1988 el bicentenario del nacimiento de Félix Varela, acudo esta tarde a la Biblioteca del Congreso de Washington, respondiendo a la gentil invitación del Dr. John R. Hébert, para disfrutar junto a ustedes de un convite intelectual sobre tan limpia y esclarecida figura, cuyo patriotismo, sabiduría y piedad le han colocado entre los primeros héroes civiles de nuestra patria.

Y vuelvo a la Biblioteca del Congreso, con el regocijo del estudiante que retorna a su vieja Alma Mater, pues fue en su recinto donde di término a mis investigaciones, para estructurar y brindar aliento a la biografía del Padre Varela, que escribí hace muchos años, y que tan buena acogida ha tenido entre la crítica. No hace mucho tiempo, con motivo de publicarse su segunda edición, escritores como el Profesor Herminio Portell Vilá, Ernesto Ardura, Josefina Inclán y Gastón Baquero, se referían a ella en los términos más elogiosos.[2] Tiene cuarenta años este libro, decía Baquero, y está tan vivo como un recién nacido.

...Y es que Varela vive una vida tan plena y de aconteceres tan inesperados y sorprendentes, que parece una novela, que estimula y empuja a seguir adelante...

---

* Debido a una repentina indisposición y por prescripción facultativa, el Dr. Hernández Travieso se vio impedido de asistir a este Simposio. El Dr. José M. Hernández anunció que a petición del propio Dr. Hernández Travieso, su ponencia sería leída por Roberto Esquenazi-Mayo.

Con palabras como éstas explicaba yo a Roberto Esquenazi-Mayo mi sumersión en el personaje...

Roberto había acudido a esta ciudad de Washington, allá por 1944, a despedirse de mi como un hermano, pues se iba a la guerra a combatir a Hitler.

A Esquenazi-Mayo no lo mataron las balas de Hitler, pero casi le destrozaron una pierna. Volvimos a encontrarnos en La Habana de la postguerra. Roberto venía a recibir el Premio Nacional de Literatura de Cuba de 1951, que había ganado con sus *Memorias de un estudiante soldado*.

Así, pensé en esa ocasión de Esquenazi-Mayo, quería Varela que fuera Elpidio, el joven ideal de sus Cartas: modesto, estudioso, y capaz de arriesgar la vida por una causa justa.

De aquella época, hoy tan distante, también recuerdo al Profesor Herminio Portell Vilá. Recuerdo, cuando hace ya medio siglo, me animaba a recurrir a la benemérita John Simon Guggenheim Memorial Foundation, para que auspiciase mis planes de escribir una biografía que contuviese cuánto ignorábamos los cubanos del Padre Varela, tarea que jamás podría vencer, sin examinar papeles, libros y publicaciones, guardados en Norteamérica, pues Varela transcurrió los últimos treinta años de su activa existencia en los Estados Unidos.

Precisamente aquí, en los Estados Unidos, murió Varela, en San Agustín de la Florida, el viejo fundo hispano, del cual su abuelo materno había sido gobernador, y donde Varela, con aquella entereza y decisión que marcaron su vida, fijó su vocación sacerdotal: "Quiero ser soldado de Cristo," respondió a la pregunta de si le gustaría servir en las huestes militares de Su Majestad, el Rey de España, como habían servido su padre y su abuelo.

Durante el curso de su existencia Varela dio muestra de que sus convicciones no eran cambiables, pese a que fuera tan perseguido por ellas. Y como si quisiera reafirmarse en su propio carácter, cuando se siente morir llama junto a su lecho al párroco de San Agustín, para expresarle: "Tengo hecha una promesa y debo cumplirla. Protesto ante Dios y los hombres, que he creído siempre y creo firmemente, que en esa hostia está el mismo cuerpo y el espíritu de Nuestro Señor Jesucristo, Salvador del mundo..." (451).

Vayamos ahora a La Habana, donde inició su carrera el Presbítero Varela. Es el lunes, 14 de abril de 1823. La gente se disputa los ejemplares de *El Revisor Político y Literario*, uno de los periódicos de la época. Cuarenta y seis alumnos de la clase de Constitución, que inaugurara Varela en la capital cubana, protestan en un encendido manifiesto público contra la invasión armada francesa que sufre

España, con objeto de disolver las Cortes españolas y restaurar a Fernando VII como monarca absoluto de la nación. Entre las firmas hay nombres como José de la Luz y Caballero y Domingo del Monte, que brillarían con luz propia en la historia de Cuba. Otros son sacerdotes, militares, abogados, escritores, que también habrían de distinguirse en el acontecer histórico de la Isla.

El manifesto es un grito angustioso de protesta contra las monarquías europeas, que desean ahogar las ideas que se esparcen por el Viejo Mundo. Esas ideas hundían sus raíces en la propia América, donde las antiguas colonias se han ido desprendiendo del yugo tradicional hispano siguiendo, asimismo, el cauce natural de influencias, como la separación de los Trece Colonias de Inglaterra, y el ejemplo de la Revolución Francesa y la literatura enciclopedista circulante en todo el Continente.

Desde la primera década del siglo pasado, los agentes norteamericanos circulaban por nuestras tierras predicando sobre la libertad. En la época en que Varela era todavía un estudiante en el Colegio Seminario de San Carlos de La Habana, William Shaler, que así llamaba el agente estadounidense destacado en Cuba, solía hablar de la ''Libertad racional'' (Rational liberty) como si se refiriera a una entidad metafísica, pero de lo cual quedaba claro que en esa libertad racional estaba incluido el libre comercio, tan necesario para los cubanos. En él radicaba su prosperidad, e inherente a ésta, un tipo especial de libertad que la metrópolis española no comprendía, ni comprendería nunca, fuesen liberales o conservadores los que la gobernasen.

La diócesis de La Habana la dirigía un obispo de dotes excepcionales, Juan José Díaz de Espada y Landa, producto él mismo del iluminismo hispano, que alcanza su auge en tiempos de Carlos III. Espada se había constituido en mentor ideológico de Varela. El obispo insta al Presbítero para que represente a los habaneros en las Cortes españolas. Y Varela, consciente de sí mismo, se deja ''arrastrar por el torbellino político'', como lo calificaría años más tarde. Pero lo hará, para trabajar por Cuba y por América.

En 1821 se encuentra ya instalado en Madrid. Y aunque no ha tomado posesión de su acta de diputado, se entiende con los impresores para una nueva edición de su *Miscelánea filosófica*. Hace también buena amistad con el poeta Manuel José Quintana, al frente de la ''Dirección de estudios,'' y le rinde informe, no sólo de sus reformas escolares, sino de la situación real de la Universidad, de sus deficiencias escolares y administrativas. Pero, sobre todo, se consagra a redactar un proyecto de abolición de la esclavitud, que suscitó el ácido comentario, según el cual, el cubano que propusiese en las

Cortes la abolición de la esclavitud en la Isla de Cuba "merecía que allí mismo le 'arrancasen la lengua'" (221).

En ese año de 1821, nos dice Varela, el negro se hallaba en Cuba, respecto al blanco, en la proporción de tres a uno. El negro sabe, añade, que esas libertades constitucionales vigentes no son para él. Sin embargo, comenta, sabe también que puede reclamar por la fuerza lo que la justicia le niega, que es la libertad y el derecho a ser feliz. Termina Varela acusando a los conquistadores por el exterminio de los indios en Cuba, y a Inglaterra, que no dudó inmolar a la humanidad a su avaricia, ofreciendo esclavos para el cultivo de las tierras (215 y 217).

Los negros libres—prosigue Varela—en su mayor parte saben leer, escribir y contar, además de desempeñar el oficio que se han provisto por su propio ingenio. "Yo sólo pido que se observe que esos mismos artistas oriundos de Africa no son otra cosa que habaneros..." (216)

Los derechos del negro "no son otros que los del hombre, tan repetidos por todas partes, y que les hace concebir deseos muy justos de ser felices como aquellos a quienes la naturaleza sólo diferenció en el color" (217).

Varela llegó a convertirse en un mito peligroso para el colonialismo español, y es que su mentalidad política evolucionó tanto y tan rápidamente que se hizo preciso ocultar su obra, proscribirla, perderla como literatura perjudicial y tenebrosa, opuesta a los intereses del "altar y el honor", que decían defender los "integristas hispano-criollos". Al respecto, baste añadir que en el instante mismo en que la abolición de la esclavitud para los negros que pelearon del lado cubano durante la Guerra de los Diez Años va a convertirse en realidad tangible y van a ser emancipados, la censura española no consintió que el texto del proyecto vareliano fuera publicado por la *Revista de Cuba* que aparecía en la ciudad de La Habana. El proyecto no vio la luz hasta ciento diez años más tarde, cuando Cuba era una República independiente (218).

No sólo sufría Madrid el cerco francés sino también España ardía en guerra civil, y en Cataluña, en un lugarejo llamado Seo De Urgel, próximo a la frontera con Francia, estaba establecido un gobierno provisional. Los franceses amenazaban con apoderarse de Madrid y el jefe nato de los constitucionalistas, el general Rafael del Riego, que habría de ser sacrificado en el cadalso, no se daba tregua yendo de pueblo en pueblo, seguido de sus soldados, para levantar la moral de las gentes con su arengas.

La tonadilla de moda era el "Trágala", con el siguiente estribillo:

Trágala o muere, tú servilón
Tú, que no quieres Constitución

Varela lo dirá en *El Habanero* y repetirá en las *Cartas a Elpidio*, que los masones y las sociedades secretas habían arruinado a España. Los diputados españoles, en buena parte, se agrupaban en "Hermanos pasteleros," siempre dispuestos a un arreglo; los "Hermanos anilleros," porque se identificaban usando un anillo en un dedo, y "Hermanos landaburianos," porque Landaburu era el nombre de un oficial liberal, muerto por las tropas de la Guardia Real, que estaban integradas por extranjeros.

Todas estas archicofradías de hermanos se unían circunstancialmente en Cortes, como las fratrías clásicas de la Atenas de tiempos de Sócrates, para conspirar contra sí mismos. Aun por las noches, acudían a sus "peñas" de café para discursear y poner remedio de este modo a los muchos males españoles.

Varela los observaba, pero permanecía absorto en su trabajo legislativo proponiendo asuntos de verdadera urgencia nacional, como era la creación de un Código ultramarino, con el fin de instituir un genuina mancomunidad de naciones hispanas con los países sublevados de América. Pese a todas las dificultades, el Código progresaba, aunque tal vez Varela dudara de su éxito final. Por ejemplo, en ese mismo instante lo que más deseaban Colombia y México era su reconocimiento como naciones libres e independientes.

La Habana, en aquel momento, se hallaba repleta de tropas españolas ociosas y en tránsito a la Península, puestas en fuga por los patriotas americanos. La gente se divertía, pero las Cortes pretendían que La Habana subsidiase a las tropas con otro millón de duros más. Varela tuvo que alzarse en su escaño para protestar y recordarles que Cuba había contribuído con exceso durante el último quinquenio para sostener aquel enjambre sin gloria.

Pero La Habana no parecía apercibirse de esto. La atención pública estaba centrada en la disputa que sostenían dos "prima donnas", la Gamborini y la Sabatini, las cuales reñían por los primeros papeles operáticos y amenazaban, a través de los periódicos, que apelarían al "Excelentísimo Ayuntamiento", para que las arbitrase en sus disputas. Nadie recordaba que el diputado Varela llevaba más de un año en Madrid sin que La Habana le hubiese pagado el sueldo que le correspondía como legislador. (229).

Tiene uno que absorberse por entero en el *Diario* original de las Cortes de esos años [que por cierto es una rareza bibliográfica que hallé en esta Biblioteca del Congreso], para valorar en todo su alcance la contribución del Presbítero Varela al parlamento español. ¡Cuánta paciencia, cuánta mansedumbre de espíritu para soportar y transigir sobre hechos que él mismo intuía que no influirían para nada en el mundo distante de América, esa América y de la que él, al momento de partir de Cuba, se había reconocido hijo, por su simple e innato amor a la libertad (201).

Muy pronto, "la tierra clásica de la libertad", como llamaría Varela a los Estados Unidos, detuvo cualquier amago incursionista en el Nuevo Mundo, con la Doctrina Monroe en 1823, y un año antes, demostrando una piedad poco común para los tiempos que corrían, en 1822 fundó Liberia, un rincón africano a donde podían marchar libertos y antiguos esclavos a colonizar y refugiarse en una patria libre, en el seno mismo del Continente negro.

El cerco francés a Madrid, mientras tanto, se cerraba más. Muchos de los diputados empezaban a desaparecer. El traslado rápido de las Cortes a Cádiz se imponía, pero los reyes, con mil argucias, trataban de retardar la mudanza. Un día era la perlesía que inmovilizaba a la reina. Otro, la erisipela—inflamación de la piel—que aquejaba al rey. Al fin, las Cortes, cansadas de tantas burlas, y en circunstancias tan apremiantes, declararon la incapacidad del rey para gobernar y partieron rumbo a Cádiz. Entre los diputados que declararon la incapacidad de Fernando VII para gobernar, estaba Varela.

El día 3 de octubre de 1823 señala la rendición de Cádiz y el comienzo de una cacería de diputados, en medio de un triste "¡Sálvese quien pueda!" Todos los legisladores que aprobaron la incapacidad real fueron condenados a muerte y, por supuesto, Félix Varela entre ellos.

De Cádiz la fuga sigue hasta el Peñón de Gibraltar. De aquí a la libre América. El buque en que viajaban los diputados de Cuba atracó en el puerto de New York, el 15 de diciembre de 1823. Había nevado recientemente y un discípulo, que dio la bienvenida a los recién llegados, tuvo que sostener a Varela, que resbaló mientras caminaba, y caía al suelo irremisiblemente. El discípulo dijo entonces una frase que sería histórica: "Estoy sosteniendo lo que España no ha podido sostener", porque también ayudaba a otro de los diputados, Tomás Gener, que igualmente se deslizaba hacia el suelo.

La disolución de las Cortes españolas, el reconocimiento de la independencia de Colombia y México y la invasión de Grecia por los turcos, era el comentario público, que el Presidente de los Estados Unidos recogía en su Mensaje anual al Congreso norteamericano.

Muy pronto a las visitas que recibía Varela se sumaron las de sus discípulos de La Habana. Hablaban del futuro Congreso del Istmo de Panamá y sus seguras esperanzas de la liberación de Cuba y Puerto Rico. Este es el momento en que Varela decide publicar un periódico, promoviendo la independencia o bien cualquier otra posibilidad de genuina libertad para la Isla de Cuba.

Con este fin, se traslada a Filadelfia, lugar ilustrado, que había sido capital de la nación hasta romper el siglo XIX, y de cuyo puerto partían muchos buques rumbo a La Habana. Allí publica *El Habanero*, que siembra pavor entre los integristas. Estos, asustados, aún piensan asesinar al Presbítero, y hasta buscan un matón de oficio para realizar la hazaña, que no se llevó a cabo tal vez porque los irlandeses, que ya conocían a Varela, le montaron una celosa vigilancia.

De *El Habanero* publicó Varela siete números. Repasándolos, se percibe en ellos que cualquier forma de gobierno sería aceptable para el Presbítero, siempre que se justificase el común denominador de la libertad. Sin embargo, expone que sus verdaderos sentimientos se proyectan hacia una Isla independiente, tan independiente como para no tener otros compromisos que propender a la felicidad de sus hijos.

Ante las ambiciones españolas de reconquista en América, opina que duda que países, ya en posesión de su libertad y llenos de riquezas, vayan a permitir ser dominados nuevamente por una metrópolis que constituye una manchita en el mapa, sin ningún elemento que pueda justificar sus aspiraciones más que su propia prepotencia.

Empero, las ideas de independencia para la Isla de Cuba se iban esfumando. El proyectado Congreso del Istmo de Panamá daba signos de desembocar en una profunda frustración. El primer ejemplo lo ofrecía el escaso entusiasmo público. Mientras en la propia Europa se recaudaba dinero para liberar a los griegos, los cubanos reunidos en Veracruz, llevados de la misma idea para liberar a Cuba, solamente recolectaban cuatro mil pesos, una cantidad ridícula de la cual Varela sería el depositario (341).

Existían otros desacuerdos fundamentales. Bolívar era mal visto en Colombia, y las naciones federadas, la propia Colombia, México y Centroamérica, no habían ratificado el tratado para libertar a las Antillas. Por último, el nuevo presidente de los Estados Unidos, John Quincy Adams y su Secretario de Estado, Henry Clay, se oponían también al Congreso de Panamá.

Aún más, el senado norteamericano, al discutir la designación de los delegados al Congreso de Panamá, adoptó un tono agresivo sobre la independencia de Cuba, ya que ello significaba la abolición de la esclavitud—viejo ideal de Varela—y eso no convenía a los intereses del Sur de los Estados Unidos.

El Congreso de Panamá naufragó ominosamente. Sin embargo, Varela no se da tregua en pos de la libertad. Ahora traduce al español *A Manual of Parliamentary Practice* (*Manual de práctica parlamentaria*) escrito por Thomas Jefferson. Aquí hace comentarios al texto, donde vuelca sus propias experiencias, adquiridas en las Cortes españolas de 1822-1823.

Varela no siempre marcha acorde con Jefferson. Nunca olvida que emite opiniones destinadas a países de distinta tradición jurídica a la de los Estados Unidos, pero en esencia el *Manual* dio muestras de ejercer beneficiosa influencia en los nuevos países donde lo utilizaron para el ejercicio de sus tareas congresionales. También traduce al español *Elements of Agricultural Chemistry* (*Manual de química aplicada a la agricultura*) de Humphrey Davy, texto muy aclamado en su época y que iba a ser utilizado en Cuba.

Varela dependía de sus amigos ricos para la obtención de una parroquia. Acababa de ser nombrado un nuevo obispo para New York, John Dubois, cuya designación había contrariado mucho a clérigos y fieles irlandeses. Dubois era un sacerdote ilustrado, que por no querer transigir con las imposiciones de la Revolución francesa, había emigrado a los Estados Unidos en 1791, portando cartas de recomendación de Lafayette.

El sacerdote irlandés que brindó la bienvenida oficial eclesiástica al nuevo obispo dio a entender que sus compatriotas jamás le tolerarían. Dubois, en su homilía, propuso un bello programa de acción y reformas inmediatas, que quizás fuese nuestro Presbítero el único en comprender en todo su alcance.

El fin era tender una mano piadosa y comprensiva tan pronto desembarcaban aquellos inmigrantes irlandeses. Esa mano la tendió Varela desde que se asentó en New York y pudo tener iglesia. Sus nuevos amigos, el banquero John Lasala; el popular John Delmonico, dueño de famosos restaurantes; el profesor Velázquez de la Cadena, autor de un diccionario bilingüe que ha llegado hasta nosotros; el distinguido y prestigioso irlandés, William James McNeven, se pasaron a la flamante parroquia.

Al adquirir Varela su primer iglesia "neoyorquesa", como solían decir entonces, conservó su nombre original, Christ's Church (Iglesia de Cristo). También había ganado una importante batalla, la de los fideicomisarios o "Trustees", que consistía en que los templos en vez de aparecer como propiedad de los obispos aparecían como propiedad de los fieles. Hubo algunas protestas, pero se apaciguaron muy pronto, tocando al Presbítero, empero, hacer algo que todo el mundo juzgaba imposible de realizar.

Pronto tuvo habilitadas dos escuelas, una para niños y otra para niñas, más una guardería infantil. En el orden personal, acababa de imprimir la tercera edición de la *Miscelánea filosófica* y tenía con él de visita a José Antonio Saco, con quien se proponía publicar una revista, *El Mensajero Semanal*.

En el prólogo de la *Miscelánea filosófica* evoca a uno de sus más queridos discípulos, Cayetano Sanfeliú, que había muerto recientemente en Cuba. También evoca al Colegio Seminario de San Carlos de La Habana. Allí fue arrebatado, afirma, "por el torbellino político, que aún agita la Europa, y, más feliz que otros, lanzado a la tierra clásica de la libertad, donde reviso tranquilo estos ocios míos..." (352).

Por fin vio la luz *El Mensajero Semanal*. Era una prolongación de *El Habanero*, por su universalidad de contenido, y hasta por el patriotismo que trascendía de él.

Sólo surgió un impugnador en Cuba, y al que tenían bautizado los discípulos del Presbítero como "el saludador de todas las ciencias", cuando descubrieron públicamente que había plagiado a Kant. Se trataba de Ramón Lasagra y Fernández.

Lasagra se había convertido en trompetero del absolutismo y se mostraba más envalentonado que nunca, ahora que Fernando VII prohibía a los nativos de Cuba, Puerto Rico e Islas Canarias que se educasen en país republicano, "porque no es posible dejen de impregnarse de máximas sumamente perniciosas" (358).

Mientras tanto, la cancillería española denunciaba a Varela, porque el Obispo Dubois, que había partido rumbo a Europa, dejó al Presbítero como Vicario de la diócesis. Se rumoraba que Dubois iba a pedir su traslado, y la embajada española en los Estados Unidos temía que Varela fuese entonces designado para la Mitra de New York, por su bien ganada fama de hombre piadoso, de cultura universal. Lo que ignoraba la embajada es que Varela jamás hubiera aceptado la Mitra, ni tampoco aceptaría el perdón por haber declarado la incapacidad de Fernando VII para gobernar, ni otra patria que la de Cuba, que sólo existía en su mente, aunque mucho amara a la "tierra clásica de la libertad".

Y tendría Varela tiempo para meditar sobre todas estas cuestiones de tan íntimos reflejos personales, porque su vieja iglesia se acababa de derrumbar, así, físicamente y con gran estruendo, cuando decía misa (391).

Varela era muy refranero y por aquella época repetía uno que es muy conocido: "El sol sale para todos", y también salió para él. La iglesia pudo ser restaurada y el Presbítero continuó oficiando ante su grey. Asimismo, se suscitó un hecho de gran importancia en la historia religiosa de los Estados Unidos: la famosa polémica sobre las Biblias, la cual vino a confirmar la fama de teólogo y hermeneuta que disfrutaba nuestro Presbítero.

Varela demostró con asombrosa soltura de estilo y extraordinaria erudición, que la "Sociedad Bíblica Americana" (American Bible Society) utilizaba la versión bíblica católica en los textos sagrados destinados tanto a países de habla española, como francesa, alemana o polaca, donde el número de católicos lo ameritase. La Sociedad Bíblica recibió una lección tan humillante, que provocó la deserción de muchos de sus miembros, tanto como creció el prestigio de Varela, como teólogo y políglota (378-382).

Fueron aquellos años de muchos trajines. El cólera, que constituyera uno de los azotes decimononos, llegó también a New York. Las teorías sobre sus orígenes o etiología llovieron por todas partes. No faltó la tesis que explicaba que la afición al whiskey de la población era la verdadera causa del mal. Claro, que el whiskey no era la causa de ese mal, pero sí de muchos otros de carácter social, como había avizorado en su homilía el Obispo Dubois, al hacerse cargo de la diócesis de New York. Varela salió al paso del viejo mal, el de la mucha afición a la bebida alcohólica, fundando una sociedad de temperantes, pero al uso genuinamente católico, según el cual se bebe hasta un límite, sin llegar a la embriaguez. La sociedad quedó establecida bajo el nombre de "New York Catholic Temperance Society". Poco tiempo después fueron surgiendo otras sociedades de temperantes, también católicas, pero totalmente abstemias, como eran las protestantes. La diferencia radicaba, según hemos indicado, en que el temperante católico podía ingerir vino, como lo hizo Cristo, pero hasta un límite, sin llegar a la embriaguez. En las sociedades inflexibles, la abstención era total, ni una gota de vino o licor.

La sociedad de temperantes de Varela alcanzó la respetable cantidad de cinco mil miembros. Empero, Varela no se sentía satisfecho. Las exageraciones llegaron a tal grado que hasta en la consagración de la misa, en vez de vino hubo quienes propusieron lo que, más o menos, hoy conocemos por "yogurt".

Varela, sin ceder un ápice en su punto de vista, halló un pretexto para retirarse, y así lo hizo. Los "inflexibles" estaban respaldados por el nuevo obispo, John Hughes, quizás el peor discípulo de su predecesor, John Dubois, pero sin duda el creador de la grandeza católica en la diócesis de New York.

Las noticias de Cuba resultaban desalentadoras. Había muerto el Obispo Espada, cuya influencia en Varela había sido definitiva. Por otro lado, Domingo del Monte, al sometérsele una encuesta sobre el estado religioso de la Isla, había respondido que era lamentable, porque pocos creían y los que creían eran supersticiosos, ignorantes y corrompidos. Además, afirmaba, que el clero seguía ciegamente el impulso de las causas morales y políticas que arrastraban el resto de la población a defender la esclavitud (411).

Asimismo, le llegan nuevas de España. Fernando VII también había muerto. Su mujer, María Cristina, era la reina regente, y ante el peligro "Carlista", se había rodeado de los antiguos compañeros de

Varela en las Cortes de 1822. Los alumnos del Presbítero, por otra parte, se sentían regocijados. Entre las novedades políticas estaba que los cubanos volverían a tener representación parlamentaria y que Varela sería perdonado. Varela, ya lo sabemos, no habría de aceptar el perdón y así lo comunicará a su desolada familia en La Habana. "Mi separación de mi patria es inevitable... Acaso yo he tenido la culpa por haberla querido demasiado"—y dice para concluir—"pero he aquí una sola culpa de que no me arrepiento" (444).

No habría de ceder en su vocación literaria y filosófica. Comienza a escribir una obra que había estado rondándole, las *Cartas a Elpidio*. Cartas de esperanza y aliento a la juventud cubana, a las nuevas generaciones. La obra la proyecta en tres tomos, sobre la impiedad, la superstición y el fanatismo. El último tomo jamás lo llegó a escribir.

Elpidio, dice Varela en una de esas *Cartas*,—"la impiedad es rara entre los eclesiásticos...mas la superstición no es tan rara y siempre se manifiesta. Esto te lo afirma quien..., desde su mera adolescencia, siempre amó sus hábitos de clérigo..."[y quien desde los años transcurridos] "no ha habido un solo momento en que me haya pesado ser eclesiástico y muchos en que me he gloriado de serlo". No desesperes, "apenas puede abrirse una página de la Historia sin notar los estragos causados por la superstición, bien porque se adore a una divinidad fingida o se 'tribute un culto absurdo a la verdadera' " (412-413).

El primer tomo de las *Cartas a Elpidio*, tuvo un gran éxito de librería en La Habana. Los cubanos estaban contentos. Hasta habían podido elegir a José Antonio Saco diputado a Cortes. Pero muy pronto todo devino en bufonada trágica, cuando las Cortes no les dieron posesión a los elegidos, y se dispuso que la Isla de Cuba fuera gobernada por leyes especiales. En este ambiente de derrota y desilusión, apareció en 1838 el segundo tomo de las *Cartas a Elpidio*.

Varela, ante el fracaso editorial, pues el tomo se vende poco en La Habana, llega a sentirse desesperado, ya que todavía debe dinero al impresor, y se lo escribe con franqueza a Luz y Caballero. En medio del marasmo en que están sumidos, tanto sus distantes discípulos como él mismo no alcanzan a comprender las razones del poco éxito editorial de las *Cartas a Elpidio*. Y es que la ola de corrupción esclavista amenazaba con anegar aun a los mejores espíritus. Las *Cartas* estaban destinadas a combatir, precisamente, los vicios que Domingo del Monte denunciara en la encuesta que respondió sobre el estado religioso en la Isla de Cuba, en ese mismo año de 1838.

Quizás el Presbítero alcanzara a comprenderlo todo, cuando el Obispo de Boston lo llama con urgencia para que asista espiritualmente a un grupo de españoles, traficantes de esclavos y piratas de una nave norteamericana, que han sido juzgados y condenados por sus crímenes. Entre los culpables, se halla el propio hijo de un Intendente de la Coruña y un arrapiezo analfabeta, que pensaba haberse iniciado en una provechosa carrera, que hasta el nuevo clero de La Habana, aprobaba sin reservas (397-398).

Las *Cartas a Elpidio* están escritas en un estilo que no es ajeno a nuestra cultura, y que se remonta al poeta latino Lucrecio. En ellas el Presbítero dirige, aconseja dentro del estricto marco cristiano. Varela quiere una juventud justa e informada, capaz de elevarse al vuelo metafísico para buscar una explicación a hechos que, en puridad de verdad, no sabemos cómo explicar científicamente.

Pero, dejemos que el propio Varela nos lo diga: Elpidio, "es preciso ignorar el conocimiento de la física y la química 'para atreverse a sospechar que puedan servir de apoyo a la incredulidad. Estas ciencias ponen al hombre en un verdadero contacto con la naturaleza y le dan a conocer de un modo evidente que su ciencia no es sólo limitada, sino contraída a una mera historia de los hechos, si bien algunos se presentan como principios de otros. Las verdaderas causas, quiero decir, las primarias, nos son desconocidas y así es que hablando con ingenuidad, nadie está más dispuesto a admitir misterios que el físico y el químico; que por estudio y convencimiento saben que estos arcanos incomprensibles, pero innegables son mucho más comunes que lo que el vulgo se persuade' " (413).

Y ahora, me pregunto y les pregunto, ¿de qué modo podríamos responder hoy a las contradicciones que se observan entre la macrofísica—la que todos estudiamos—y la microfísica, o física cuántica, que estudian algunos especialistas?

El mismo Domingo del Monte, que hemos visto denunciar el lastimoso estado religioso que agobiaba a la Cuba de su época, es quien ahora defiende la filosofía en boga del pensador francés Victor Cousin, y que pudiera resumirse—muy a tono con el reinado del hijo de Felipe Igualdad, en Francia—en que no había nada que hacer en filosofía, porque todo estaba hecho. Lo cual refuta Luz y Caballero ya que lo que Cousin también propugna es un "estaticismo" social que justifica el cáncer de la esclavitud que corroía a Cuba.

Tal vez del Monte—gran espíritu de nuestras letras e introductor del romanticismo en Cuba—se acercara a Cousin a través de su estética, puesto que Cousin juzga a la poesía, de todas las artes, como la más elevada, sin reparar del Monte, que no es un pensador profesional como Luz y Caballero, en las sutiles derivaciones que podrían servir a un trasnochado apoyo al régimen esclavista imperante, porque seguramente no le faltarían campeones que defendieran la tesis.

Ambos grupos de polemistas, recurren al expatriado Maestro, que se solaza en saberlos tan independientes y diestros en manejarse con tan perspicaz habilidad en el saber filosófico, y se limita a breves observaciones.

En verdad, el Presbítero no gozaba de buena salud, y hasta se dijo en La Habana que había muerto. El mismo lo desmiente y se burla en carta a la familia, aunque para una persona de sus padecimientos, especialmente bronquiales, el clima de New York no era el más aconsejable.

Sin embargo, los discípulos quieren que se convierta en jefe de los asuntos de Cuba en el exterior. Pero se niega. También le piden el proyecto para el gobierno de ultramar, del que era autor, y que se aprobara en las Cortes de 1822. Lo he perdido entre tanto trasiego, responde; si tanto lo quieren, que lo busque España, que ella lo engavetó.

El Presbítero tiene que proporcionarse una tregua anual, y uno de los sitios más cálidos en los Estados Unidos de entonces es San Agustín de la Florida, donde había transcurrido su niñez. Así lo hace hasta que muy debilitado se queda en esa ciudad definitivamente.

Pero no permanece ocioso. Visita mucho el viejo cementerio católico de Tolomato y comunica al párroco de la Iglesia de San Agustín, que le da albergue, que cuando muera ordene enterrarlo lo más cerca posible de una tía que falleciera en la vieja ciudad, cuando él era niño. A cada momento recuerda al Padre Edmon Aubril, que así se llama el párroco, de sus deseos de ser inhumado cerca de su tía, mientras con asiduidad se consagra a los católicos de la comarca. Aun habla con éstos para erigir una capilla apropiada para elevar sus rezos a Dios.

Lejos de mejorar, se agravan sus males. Ya estaba postrado prácticamente. Así le encontró uno de sus discípulos, Lorenzo Allo, el Día de Navidad de 1852; había ido a San Agustín de la Florida a verlo en busca de inspiración. Lo encontró yaciendo en un sofá, con los ojos muy abiertos, "viejo, flaco, venerable, de mirada mística" (449).

Varela no reconoció al visitante, quien le pidió permiso para besar su mano, como hacían sus alumnos cada mañana en el Colegio San Carlos. "Enseguida preguntó por los demás, y hasta con humor habló de las cuantas enfermedades que padecía, pero que de lo único que se hallaba cierto, era que ni podía leer, porque estaba casi ciego, ni escribir, porque le temblaba mucho el pulso" (449). A lo que añade Allo que "mientras la conversación giró sobre sus discípulos y La Habana, 'mostró tal animación que no parecía enfermo' ".

Apenas Allo se despidió de Varela, se apresuró a escribir a La Habana para informar que el maestro se moría. "Varela moribundo sobre un jergón habla más a mi alma, que Sócrates tomando la cicuta", afirma.

El 3 de marzo de 1853 José María Casal llegaba a San Agustín, pero ya Varela había muerto, el viernes 25 de febrero de 1853, a las ocho y media de la noche. Fue sepultado al día siguiente. Otro de los discípulos le había enviado una misiva donde le decía: " 'Tampoco necesito recordar a usted los numerosos amigos y discípulos con que cuenta usted en Cuba, y que contarán como el día más glorioso de su vida aquel en que llenos de efusión, vuelvan a ver y abrazar en el seno de su Patria a su amado e inolvidable Maestro' " (450).

El Maestro había muerto lejos de la patria, que tanto quiso y que sólo existía en su mente. Varela había encarnado, empero, al patriota de tres mundos distintos, el suyo propio, insular cubano, el peninsular español, y ahora el continental, estadounidense, que hubo de seleccionar para morir. Quizás, como anto lo había repetido, porque ésta era "la tierra clásica de la libertad".

NOTAS

1. Antonio Hernández Travieso, *Varela—la reforma filosófica en Cuba* (La Habana: Jesús Montero, 1942). *El Padre Varela. Biografía del forjador de la conciencia cubana*, 1a ed. (La Habana: Jesús Montero, 1949).

Las citas entre paréntesis corresponden a la segunda edición de mi biografía del Padre Varela (Miami, Florida: Ediciones Universal, 1984).

2. Ernesto Ardura, "El Padre Varela: siembra de libertad", *El Nuevo Herald* (Miami, Florida), 9A (17 febrero 1988). "El Padre Varela en el exilio", *El Nuevo Herald* (Miami, Florida), 9A (18 febrero 1988). Gastón Baquero, "Monseñor Dalmau a la luz de Varela", *El Nuevo Herald* (Miami, Florida), 7A (16 mayo 1988). Josefina Inclán, "Félix Varela", *Diario Las Américas*, (Miami, Florida), 5A (24 enero 1988; 26 enero 1988; 27 enero 1988). Herminio Portell Vilá, "El Padre Varela", *Diario Las Américas* (Miami, Florida), 5A (23 enero 1988).

FELIX VARELA: VISIONARIO DE LA MODERNIDAD

Enrico Mario Santí

Lamento mucho la ausencia de nuestro acto del Dr. Hernández Travieso, cuyo trabajo fue leído por Roberto Esquenazi-Mayo. Su ausencia de este acto ocasiona un doble lamento: nos priva no sólo de haberle escuchado de viva voz sino de la oportunidad de establecer un diálogo con él, acaso el más distinguido estudioso de la obra del Padre Félix Varela y su época. Como se sabe, su trabajo "se basa enteramente", como él mismo dice en sus notas, en su monumental "biografía del forjador de la conciencia cubana" y que fuera publicada por primera vez en La Habana hace casi cuarenta años, en 1949.[1] No era, sin embargo, el primer trabajo que Hernández Travieso le dedicara a Varela. Siete años antes, en 1942, el mismo autor había publicado un estudio considerable sobre la obra de Varela en torno a "la reforma filosófica en Cuba".[2] Por tanto, en los siete años que corren entre los dos estudios, y durante los cuales el autor residió aquí mismo en Washington, como investigador en nuestra querida Biblioteca del Congreso, Hernández Travieso transita del estudio discreto de la "reforma filosófica" de Varela al más amplio de toda su biografía. Y lo que en ese trayecto descubre, en hábil frase que resume el sentido de su vida y obra, es nada menos que "la conciencia cubana". Mis breves comentarios, y que no pretenden añadir nada nuevo a la discusión sobre Varela, no han de ser sino una extensa glosa sobre ese concepto clave que Hernández Travieso halló en el arduo proceso de su investigación: conciencia.

Félix Varela es el primer pensador moderno en Cuba. Esa afirmación resume, me parece, tanto la apuesta como el límite de su obra. La modernidad significa la puesta en práctica de un pensamiento crítico. Miembro de una minoría ilustrada latinoamericana y viviendo en las postrimerías de la Ilustración, Varela intenta cambiar a su país dando un salto hacia la modernidad. Recalco la imagen de salto porque eso en efecto fue: con la excepción de las tímidas intentonas de Agustín Caballero y O'Gaván, que a su vez eran tímidos reflejos del impacto intelectual que años antes había tenido la incursión inglesa en La Habana, poco o nada había en el pasado cubano que preparase el cambio que Varela intentó gestar. Si las revoluciones de Francia y Estados Unidos habían sido la consecuencia de una evolución política e intelectual que se remontaba a la Reforma, en España y América Latina no existía una tradición intelectual que formara las mentes de las élites. Tampoco existían las clases sociales que correspondían a la nueva ideología liberal y democrática. No niego que haya habido un movimiento filosófico o científico de cierto auge: el propio caso de Varela prueba lo contrario. Me refiero a otra cosa: no existía en Cuba una relación orgánica entre sus clases sociales y las ideas en torno a la modernidad.

Como se sabe, entre 1811 y 1820, año en que Varela parte a España como representante a Cortes, el presbítero cubano realiza una reforma que comprende la supresión del método escolástico en la enseñanza de la filosofía. Esa supresión, a su vez, tiene una serie de consecuencias: rebaja la importancia de la deducción y el silogismo como métodos, descarta la autoridad como factor probatorio, lleva a la adopción de una lógica auto-rectificatoria (como las de Descartes y Destutt de Tracy) en la enseñanza de la ciencia, y sobre todo la física y la química. Dice Hernández Travieso, en el primero de sus dos estudios a que antes aludí, que en el expediente de Varela se encuentran "claros indicios de la marcha renovacionista que se iniciaba en nuestro empobrecido mundo científico, donde Descartes y Copérnico habían dejado de ser considerados como peligrosos promotores de heterodoxia para serlo de sabiduría e inquietud científica".[3] Esa serena observación nos da una idea del patético contexto intelectual en que trabajaba Varela: se refiere a los primeros años del siglo XIX, cuando Varela, contemporáneo de Kant y Hegel, asiste a sus últimos cursos en el Seminario San Carlos; pero aquellos "peligrosos promotores" habían publicado sus obras hacía siglos—Copérnico había muerto en 1543 (nada menos que doscientos cincuenta años antes) y Descartes en 1650, hacía siglo y medio.

La reforma de Varela no fue sólo filosófica, o dicho con más precisión: pedagógica. Tuvo también, como parte de la lógica de la modernidad, aspectos políticos y morales. Dentro del clima liberal de la sublevación anti-napoleónica, fue uno de los primeros en realizar un comentario pormenorizado de la Constitución monárquica. También fue uno de los primeros, una vez restaurado el absolutismo, en ser perseguido a causa de esas y otras críticas. Si a su llegada a Cádiz Varela sigue siendo reformista, a los Estados Unidos, en 1823, llega hecho un separatista. El resto de su vida, Félix Varela vive en el exilio—comenzando así una funesta tradición que continúa hasta nuestros días—sin regresar jamás a la "siempre fiel isla de Cuba", donde se le había proscrito. Su crítica, que hizo pública en las páginas de *El Habanero* y más tarde en *El mensajero semanal*, era doble o, mejor dicho, era una sola con dos aspectos: independencia y abolición. El uno le ganó el odio y la persecución de la corona española, el otro el desprecio de sus propios compatriotas, más ávidos de hacer dinero que de realizar una sociedad justa. Siguiendo en parte una venerable tradición hagiográfica, y que por desgracia en la historia cubana no se limita a Varela, Hernández Travieso no especula, ni en ninguno de sus dos libros ni en su ponencia, sobre las consecuencias personales de esa postura crítica. Me refiero no tanto al sabotaje, por parte del gobierno español, del obispado de New York—incidente más significativo dentro del contexto de la burocracia eclesiástica de esos años que dentro de la historia política de Cuba—sino a otra circunstancia aún más terrible: la soledad, la frustración y, en última instancia, la desilusión de Félix Varela. Ese estado moral debe haberle afectado lo suficientemente como para que se alejara, a partir de 1826, cuando se traslada a New York, de su intensa actividad política para convertirse en un militante eclesiástico. Hoy, pasado más de un siglo, si bien no nos puede dejar de admirar la labor de Varela, durante sus años de exilio neoyorquino, en la fundación de escuelas para niños pobres o su caridad hacia los emigrantes irlandeses y las víctimas del cólera, para no hablar de la reedición de su *Miscelánea filosófica*, no podemos sino reaccionar con incredulidad ante, dicho sea con mucho respeto, su militancia temperante, sus polémicas sobre la Biblia protestante, que hoy nos parecen un tanto inocuas, o la beatería mojigata de algunas de las *Cartas a Elpidio* o de las *Máximas morales y sociales*.

En su ponencia Hernández Travieso menciona, en cambio, otro incidente en la vida de Varela que sí me parece acaso el signo fundamental de su trayectoria moral. Varela rechaza el perdón que le concede la Regencia española y decide no regresar a Cuba, en contra de los consejos de sus familiares y de muchos de sus discípulos. En ese momento decisivo Varela comprendió bien que aceptar el perdón significaba aceptar la culpa que ese perdón ocasionaba. Cito a Hernández Travieso quien a su vez cita la famosa carta de Varela:

"Acaso yo he tenido la culpa por haberla querido demasiado...pero he aquí una sola culpa de la que no me arrepiento".

Es en esta decisión terrible donde se plasma lo que Hernández Travieso llama "la conciencia cubana" y de la cual Félix Varela es su justo "forjador". Si bien nuestra frágil modernidad hispánica nos ha hecho tardíos comensales, como dijera Alfonso Reyes, en el banquete de Occidente, esa tardanza o desface cronológico respecto a las corrientes intelectuales sí ha producido grandes espíritus. El valor, vale decir la grandeza de esos espíritus, suele ser desdeñado, y en especial por ingratos contemporáneos y compatriotas. No por ser numerosos los ejemplos son menos patéticos: Sor Juana, Bolívar, Simón Rodríguez, San Martín, Martí, para no hablar de nuestros propios contemporáneos. Como todos ellos, Varela vivió y murió como otra voz clamando en el desierto. A veces, al intentar rescatar esa voz, las patéticas circunstancias de los últimos días de Varela, nos cegamos ante sus inevitables limitaciones humanas. No fue Varela, ciertamente, *el* filósofo cubano de la modernidad pero sí su primer *pensador*, con todos los aciertos y peligros que conlleva el adjetivo *primero*. Fue un hombre de transición, aun cuando la suya se realizó imperfectamente. Sin ella, sin embargo, no seríamos lo que fuimos—pienso sobre todo en sus discípulos, Saco, Luz y Caballero, Mendive y Martí—ni lo que somos—pienso aquí en Hernández Travieso y en el acto que hoy celebramos.

La palabra "conciencia", cuya pertinencia a Varela debemos a Hernández Travieso, y nos demuestra Varela con su obra y con su ejemplo, está más allá de la ideología o de cualquier institución. Antes de cualquier partido o iglesia están la justicia y la verdad. Semejante actitud no puede estar sometida a consideraciones de eficacia política, como pretendían sus entusiasmados discípulos ante la Regencia, porque la palabra conciencia, por más nebulosa que sea, no puede cambiarse por la palabra ideología, pues ésta última ha sido la alcahueta de los Césares, los Inquisidores, y los Secretarios Generales. Por eso, no puedo concebir peor destino para nuestro Padre Félix Varela, "patriota cubano de tres mundos", al decir de Hernández Travieso, que una petrificante hagiografía, producto o bien de una iglesia o del actual régimen militarista, heredero directo del autoritarismo que Varela dedicó gran parte de su vida a combatir. Más digno de homenaje, más fieles a su obra y ejemplo, me parecería una edición inteligente de lo mejor de su obra, hoy de circulación prácticamente clandestina por inexistente, así como un mayor y más detallado conocimiento de las grandezas de su espíritu, para no hablar de las contradicciones de su pensamiento. Qué duda cabe que en ese futuro conocimiento la obra de investigadores como Antonio

Hernández Travieso ha sido y seguirá siendo ejemplar, y que el papel de grandes instituciones como nuestra Biblioteca del Congreso ha de ser, justamente, fundamental.

NOTAS

1. Antonio Hernández Travieso, *El Padre Varela. Biografía del forjador de la conciencia cubana* (La Habana: Jesús Montero, 1949).

2. Idem, *Varela y la reforma filosófica en Cuba*, Prólogo de Herminio Portell Vilá (La Habana: Jesús Montero, 1942).

3. Ibid., 25.

LA CONTRIBUCION SOCIAL DEL PADRE VARELA EN LOS ESTADOS UNIDOS

FELIPE J. ESTÉVEZ

Félix Varela llega a las costas del nordeste de los Estados Unidos el 17 de diciembre de 1823 en calidad de refugiado político. Sentenciado a muerte por el gobierno español de Fernando VII, se encuentra a los treinta y cinco años alejado definitivamente de su patria. En sus restantes treinta años—años de rica madurez—Varela llevará a cabo una destacada labor pública y social en el país que, según él, "es el que por excelencia tiene un gobierno libre".[1]

Este trabajo tratará de señalar, en primer lugar, su contribución como escritor, sobre todo en función de periodista, y en segundo lugar mostrará algunos rasgos de su ministerio pastoral en la ciudad de New York.

Periodista

Mientras se establecía en los Estados Unidos y esperaba las cartas dimisorias del Obispo de La Habana Díaz de Espada y Landa, Varela inició en Filadelfia en 1824 la publicación de *El Habanero*, un periódico político, científico y literario considerado por los estudiosos como el primer documento independentista de la nación cubana. Según P. J. Foix, *El Habanero* es también "la primera revista católica en español publicada en los Estados Unidos".[2]

Por medio de *El Habanero* Varela libra una "guerra de la razón", que él opone a "una guerra de la venganza". En esta "guerra de la razón", Varela sostenía que todas las colonias latinoamericanas, a excepción de Cuba y Puerto Rico, ya habían ganado su libertad de la monarquía española y que, en nombre de lo que él llamaba "la ley de la necesidad", Cuba inevitablemente buscaría su independencia también. En el fondo Varela sugería un cambio político pacífico, que a sus ojos evitaría un innecesario derramamiento de sangre, tanto para los españoles como para los cubanos. En el pensamiento de Varela la prevención es parte del arte de la prudencia. Previendo inteligentemente un hecho político que de todos modos iba a suceder, Varela esperaba eliminar el devastador mal social de la guerra:

> Yo no he hecho más que procurar que los hombres se conozcan mutuamente y conozcan su situación para que en un caso que por su naturaleza es inevitable, se calmen las pasiones, se impidan los desastres y saque el país inmensas ventajas que hagan felices a sus actuales habitantes y a sus futuras generaciones.[3]

Varela creía igualmente en la posibildad de recibir ayuda del gobierno mexicano o la ayuda personal de Bolívar e incluso la asistencia de los norteamericanos en la cuestión cubana; pero, como señala en una carta al Sr. Joel Poinsett,[4] "Cuba no debería formar parte de los Estados Unidos, sino mirarlos como una nación protectora y establecer con ellos tratados políticos y comerciales que fueran ventajosos para ambos países".[5]

Vemos como Varela reconoce así la soberanía inalienable de la nación cubana al mismo tiempo que promueve la solidaridad respetuosa entre los pueblos, en un contexto de reciprocidad.

Durante su residencia en Filadelfia, Varela tradujo al español el libro del célebre químico inglés Sir Humphrey Davy titulado *Elements of Agricultural Chemistry* (*Elementos de química aplicada a la agricultura*).[6] También tradujo al español *A Manual of Parliamentary Practice* (*Manual de práctica parlamentaria*) de Thomas Jefferson. A este libro Varela le hizo numerosas anotaciones que revelan su cuidadosa conciencia de parlamentario en las Cortes de España de 1822, y estas notas muestran también su competencia para relacionar los principios generales con las concrctas y complejas situaciones humanas. En el prólogo de su traducción Varela afirma:

> El nombre del autor y las fuentes de donde ha sacado sus materiales bastan para recomendar la obra, y yo he creído hacer un servicio a los nuevos estados americanos traduciéndola al castellano, y anotándola en los pasajes que se hallan en contraposición a mis ideas teóricas, o a los datos que me ha proporcionado una corta pero azarosa y costosísima práctica.[7]

Con el séptimo número de *El Habanero*, encontrado al inicio de la década de los ochenta en la Biblioteca de la Universidad de Yale,

Varela termina este género literario-periodístico en torno al tema político-social cubano y se dedica a otro más propiamente religioso. De los derechos políticos de los cubanos pasa a defender el derecho a la libertad religiosa de la minoría católica en los Estados Unidos, que sufría entonces implacables persecuciones y discriminaciones.

Esta contribución literaria de Félix Varela es voluminosa y ello sorprende más por tratarse de ser un hombre de acción con múltiples responsabilidades en el cuidado pastoral, como lo señalan Eugene P. Willging y Herta Hatzfeld: "parece increíble lo que él escribió, además de *El Habanero*, en menos de treinta años en New York".[8]

De hecho, estos autores desconocían todos los otros trabajos que él escribió en español para la comunidad hispana, tanto en los Estados Unidos como en Cuba.

Según los autores antes mencionados, Varela fundó, publicó y editó "la primera revista eclesiástica o pastoral en los Estados Unidos".[9] Su nombre era *The Protestant's Abridger and Annotator* (1830). En esta revista trata de corregir los prejuicios de los protestantes contra los católicos, pero al mismo tiempo muestra que dichos ataques no representan los sentimientos de la gran mayoría de las comunidades protestantes, lo cual revela el tacto armonizador de Varela, que buscaba la concordia entre las diferentes iglesias. Leamos a Varela mismo:

> Uno pudiera pensar que el periódico semanal *El protestante* es el órgano de un ataque realizado por todas las sectas cristianas a la Iglesia Católica, pero aunque sea esa su intención, está dirigido por los líderes de sólo una de ellas, y no ha encontrado la aprobación general de los protestantes, por cuanto la mayoría de ellos lo considera una iniciativa injuriosa, antisocial e imprudente. No pasan por alto ningún insulto o injuria. A los católicos se les llama *filisteos incircuncisos*, y a los sacerdotes los representan como impostores. Mi religión, mi honor y mi oficio me obligan a convertirme en el Anotador del Protestante y mostrar que está, *por lo menos*, equivocado...[10]

Varela también fue el fundador de "la primera revista literaria y académica del catolicismo americano".[11]

Dicha revista se llamaba *The Catholic Expositor and Literary Magazine* (1841-1843), que más adelante continuó con el título *The Catholic Expositor* (1843-1844). Esta revista muestra el interés de Varela en alentar cultura más allá de lo que implicaba la defensa de la doctrina católica ante las amenazas de los "nativistas". Varela buscó la colaboración del Reverendo Charles Constantine Pise, escritor y poeta, que fue el primer Capellán Católico del Senado de los Estados Unidos. John A. Shea y Charles James Cannon también escribieron en dicha revista. *The Catholic Expositor* trataba una gran variedad de asuntos:

poesía, temas históricos, teológicos, filosóficos y literarios. En ella se ve la capacidad exegética de Varela, especialmente en sus artículos en torno a la Biblia.[12]

Varela también fundó, dirigió y editó *The Catholic Observer*, periódico semanal que existió de 1836 a 1839. Y como lo publicó desde su Parroquia de la Transfiguración, se considera "que fue el primer periódico parroquial en la ciudad de New York".[13]

También publicó *The New York Catholic Register*, de 1839 a 1840, el cual según el autor, "tendrá como finalidad exponer nuestras doctrinas frente a los errores de nuestros adversarios y defender nuestra comunidad de las calumnias".[14]

Es lamentable que aún no se haya encontrado el primer periódico que Varela empezó en New York. Fue un periódico bilingüe, en inglés y español, llamado *The Youth Friend* (1825), que salía todos los sábados. Varela consideraba "que un periódico escrito en dicha lengua, con particular cuidado de acentuar las sílabas, del modo que es indispensable para una pronunciación exacta, será muy útil y merecedor del aprecio del público".[15]

En toda esta labor periodística Varela se revela como un hombre de paz, promotor de relaciones armoniosas entre los diferentes grupos de la cosmopolita ciudad de New York, como lo señala en uno de sus artículos:

> Evitaremos lo más posible cualquier controversia personal, porque somos de la opinión que la mejor defensa de nuestras doctrinas es la simple y mera explicación de ellas, y una respuesta caballerosa a esos argumentos que no vienen de la animosidad, sino de la expresión sincera de una mente inquisitiva. Nuestro lenguaje será siempre sencillo y adecuado a nuestro objeto, que es la propagación de la religión de Jesucristo, que está basada en la caridad, y esperamos que aun aquéllos que son enemigos de nuestro intelecto sean amigos de nuestro corazón.[16]

En un ambiente sumamente polémico, y con los ánimos acalorados, he aquí la recomendación de Varela:

> Estaremos agradecidos a toda persona que envíe un artículo para que se publique, pero no lo haremos en aquellos casos en que existan animosidades personales. Aun en los artículos donde no haya ninguna alusión personal, nos tomaremos la libertad de borrar cualquier expresión que pueda ser vista como la menor ofensa a nuestros hermanos separados. Nuestro propósito no es insultarlos sino sacarlos del error. Si el público aprueba nuestros esfuerzos y nuestros amigos nos alientan, trataremos de corresponder a su bondad.[17]

Es muy notable que en un ambiente de violencia verbal y física entre los católicos y ciertos grupos protestantes, Varela considerara a los protestantes "como los hermanos que disienten de nosotros". Y según lo ha notado José Ignacio Lasaga, el Padre Varela enseñaba cómo los protestantes "que viven convencidos de las doctrinas que se enseñan en sus respectivas iglesias, pueden decir que pertenecen a la Iglesia que fundó Jesucristo, aun cuando no militen en las filas católicas".[18] Vemos aquí un bello ejemplo de tolerancia social de parte de un líder de la comunidad.

Pastor

Varela, el distinguido profesor del Seminario de San Carlos de La Habana, el parlamentario caribeño en las Cortes de España, el escritor de manuales de Filosofía y director de buen número de publicaciones, a partir de los cuarenta años de edad será mejor conocido como sacerdote entregado a los pobres. Varela realizará esta vehemente pasión pastoral en las parroquias de la Iglesia del Cristo y la Iglesia de la Transfiguración, en la ciudad de New York.

El ministerio de Varela coincide con la masiva inmigración irlandesa, que había sido causada por la pobreza y las leyes opresivas del gobierno inglés. Debido a la hambruna que arruinó a Irlanda entre 1845 y 1850, a causa de las desastrosas cosechas de papas, la inmensa mayoría de los irlandeses llegó a los Estados Unidos en la década de los cuarenta. El cólera y las derrotas infligidas en las filas de la insurrección organizada por la Joven Irlanda, en 1848, también contribuyeron al auge de la migración irlandesa hacia los Estados Unidos.[19]

El historiador J. P. Dolan ha demostrado que la pobreza de estos inmigrantes era espantosa. Se alojaban en viviendas opresivas, manejadas por patronos sin principios. Además, abundaban las tabernas y los "pubs".

A partir de 1820 la pobreza había aumentado a un nivel alarmante y las autoridades de la ciudad buscaban nuevos métodos para combatirla. La depresión tuvo lugar en 1837, lo que agravó aún más un problema ya muy serio. Quebraron muchos negocios y creció el número de pobres. En 1844 más de 53,000 personas solicitaron ayuda del sector público. Treinta o cuarenta sociedades del sector privado también socorrían a los pobres de la ciudad. Diez años más tarde, el número de personas que recibía ayuda pública había llegado a 121,217. Cerca de 3,000 personas al año terminaron en casas para indigentes, mientras que los niños llenaban las calles, sucios y apestosos, mendigando pedazos de pan.[20]

Varela responderá a esta situación identificándose con su feligresía. Así descubre un nuevo llamado en su vida, el de ser misionero entre los inmigrantes pobres. Su compenetración con ellos fue tal que cincuenta años después de su muerte era todavía recordado como "el Apóstol de los irlandeses de New York".[21]

Subrayaré su indisputable primacía en la campaña a favor de la temperancia y sus iniciativas para remediar la precaria situación de los pobres y desvalidos.

En el siglo XIX se organizó en los Estados Unidos una cruzada para combatir el consumo de bebidas alcohólicas, cruzada que apoyaban las misiones católicas. A los individuos que participaban en dicha cruzada se les pedía que llevasen consigo una tarjeta que el portador mostraba como prueba de que había dejado de ser alcohólico.

El 9 de febrero de 1840 Varela fundó la Asociación de Temperancia Católica de New York (New York Catholic Temperance Association). Como señala el historiador J.P. Dolan, "la Parroquia de la Transfiguración marcaba el liderazgo del movimiento a favor de la sobriedad en los católicos de New York".[22]

Varela conocía el movimiento que desde 1838 el Padre Theobald Mathew había impulsado en Irlanda. Este movimiento buscaba la abstinencia total en el consumo de las bebidas alcohólicas. Y muchos inmigrantes llevaban con ellos la tarjeta que probaba la promesa que les pedía el Padre Mathew. Conviene señalar también que el Cuarto Concilio Provincial de los Obispos Americanos, en Baltimore, apoyó dicho movimiento, que pedía que se establecieran sociedades de temperancia en todas las parroquias. Varela publicaba artículos en su periódico católico explicando la naturaleza de su nueva Asociación. Es interesante notar que, como director del periódico, él también promovía la organización fundada por el Padre Mathew.[23] ¿En qué consistía la diferencia entre la promesa que exigía Varela de la de Mathew? Examinemos la fórmula de Theobald Mathew. En su organización los miembros prometían "abstenerse de consumir todo tipo de bebidas alcohólicas, a no ser que se usaran como medicina; también debían tratar, por la palabra y el ejemplo, de contribuir a que se evitara la intemperancia en los demás".[24]

Varela, por su parte, escribió de su puño y letra la promesa que pedía a sus seguidores:

> Por este medio prometo solemnemente evitar la intemperancia, y si fuese necesario para lograr esta finalidad, abstenerme totalmente de bebidas embriagantes, prometo por este medio abstenerme de todas ellas; y también prometo, con mi ejemplo y mi palabra, auxiliar para que otros hagan lo mismo.[25]

¿Por qué la diferencia en las fórmulas? Para Varela, si alguien prometía abstenerse de ingerir toda bebida alcohólica podía pensar que era pecado tomar vino u otra bebida semejante. También buscaba evitar cargos excesivos contra dicha persona. Por otra parte, él creía que eran necesarias medidas más eficaces contra aquéllos que en realidad necesitaban una disciplina más severa. Como Varela decía, "las personas pueden ser totalmente abstemias o no, según lo que cada cual decida; pero ciertamente, deben ser sobrias".[26]

Según Varela, la Asociación de Temperancia Católica debía tener en cuenta la realidad, y en esa forma alentar a cada persona de acuerdo con sus necesidades:

> Nosotros intentamos restringir a aquéllos que necesiten ser restringidos y enseñar a los demás a ser comedidos, a no ser que ellos se consideren en la necesidad de ser restringidos. Así, nosotros no mortificamos a nadie a no ser que sea *necesario* para su salvación. Tenemos la esperanza de que nuestra Sociedad alcanzará este anhelado objetivo y que los amigos de la temperancia lo apoyarán, para así promover la gloria de Dios y el bienestar de la sociedad.[27]

La Asociación fundada por el Padre Varela llegó hasta las comunidades de Utica, Albany, Boonville, Williamsburgh, todas en el estado de New York. También se extendió hacia Paterson, New Jersey, y hasta Cleveland, Ohio.[28]

Esta organización logró incluir a los obreros del Canal Erie, lo que representaba un número considerable de trabajadores manuales.[29]

Varela, por otra parte, siempre estuvo convencido del valor del método preventivo de la educación, y alentó la organización de charlas dedicadas a la juventud a fin de que conociera cuanto antes los peligros que implicaba el alcoholismo.[30]

Según J. P. Dolan "el trabajo de Varela entre los pobres es el rasgo más memorable de su vida".[31]

Por otra parte, conviene señalar que el Padre Varela estaba en buenas condiciones económicas en sus primeros años en los Estados Unidos. Sus devotos estudiantes de La Habana le aseguraban una pensión, que no continuó por petición explícita del mismo Varela.[32]

Además, las nuevas ediciones de sus libros le proporcionaban otra fuente de ingresos. La ironía es que la mayoría de los inmigrantes llegaban con modestos recursos a los Estados Unidos y después de algún tiempo mejoraban su condición económica, pero en la vida de Varela sucedió lo opuesto. Un ciudadano de New York expresó en una carta a Roma: "teniendo mucho dinero, lo dio todo para obras de caridad".[33]

A Varela le tocó servir a la Iglesia de New York cuando ésta era extremadamente pobre.[34] Y dedicó la mayor parte de su propio dinero para adquirir las dos iglesias en las que él fue Párroco.[35]

Como educador, fundó escuelas para niños y niñas. Además de reducir al mínimo el costo de la matrícula, él quería que "los ingresos de la escuela, después de pagar todos los gastos, fueran usados para mantener la escuela dominical y para vestir a los niños pobres".[36]

Fundó también una guardería infantil y un asilo diurno para los huérfanos, hijos de viudas y viudos pobres.[37]

De hecho, además de fundar organizaciones para socorrer a los pobres, el desapego de Varela ante los bienes terrenales y su sencillez personal es lo que más se recuerda de su vida pastoral en New York. Su motivación está enraizada en su propia vocación sacerdotal. El era admirador de San Vicente de Paula, a quien llamaba "el mejor ciudadano que ha tenido Francia".[38] Su pensamiento social está íntimamente integrado a su eclesiología, que muestra su manera de percibir a la Iglesia como una comunidad servidora del mundo y particularmente de los más necesitados. El siguiente texto revela la motivación que lo animaba en su dedicación a las causas sociales de su tiempo:

> El bien de los pueblos ha sido siempre el objeto de la Iglesia, no sólo en lo espiritual sino también en lo temporal, en cuanto se relaciona con la paz y con la mutua caridad, en una palabra, la vida eterna que es la única felicidad. Por consiguiente, en las grandes urgencias del estado y las calamidades públicas, la Iglesia es la primera en dar auxilio, y los ministros del santuario, lejos de oponerse a la alienación de los bienes eclesiásticos, deben presentarlos sin repugnancia alguna, pues de este modo se promueve la gloria de Dios y el verdadero esplendor de la Iglesia. Siempre lamentaré la terquedad con que algunos eclesiásticos defienden los bienes, como si dependiese de ellos nuestra santa religión, sin advertir que las siniestras interpretaciones de que es susceptible su celo causan una pérdida mucho más considerable en el verdadero tesoro de la Iglesia, que es el amor y respeto de los fieles. Si hay bienes de que hacer uso, empléense conforme al espíritu del Evangelio, y si no los hay, no debe causar inquietud su falta, según el mismo espíritu Divino.[39]

La contribución social de Félix Varela en Norteamérica no fue más que la continuación de su labor en Cuba: su preocupación por el progreso y por los cambios necesarios en la organización política de la sociedad cubana, su interés perenne en las cuestiones educativas, su profunda claridad moral, su arraigo en los valores hispanos.

Por otra parte, es sorprendente que Varela, teniendo tal acceso a los medios de comunicación, no tratara el tema de la esclavitud de los negros en la sociedad norteamericana. Su pensamiento abolicionista es bien conocido gracias a su valiente participación en las Cortes, en 1822. Su cercanía a las comunidades del sur le permitía conocer la dolorosa situación de los negros. ¿Cómo él, que era tan franco y valiente, pudo callar ante esa terrible injusticia social? Una posible explicación pudiera ser el temor de Varela a inmiscuirse en asuntos que competían al liderazgo episcopal. Semejante tema, el único que ha causado una guerra civil en los Estados Unidos, pudiera haber sido perjudicial para el debate público en una época en que las persecuciones religiosas y la intolerancia civil afectaban ya demasiado la convivencia y la paz social. No obstante, este silencio por parte de uno de los primeros pensadores antiesclavistas de América, deja una interrogante a su impresionante contribución social en los Estados Unidos.

NOTAS

1. Cartas, Varela to Joel Poinsett, 27 enero 1825 y 28 enero 1825 in *Historical Society of Philadelphia*, "Havanero, 2, 3".

2. Paul J. Foix, *Pioneer Catholic Journalism* (New York: U.S. Catholic Historical Society, 1930), 65.

3. Félix Varela, *El Habanero* (La Habana: Editorial de la Universidad de La Habana, 1945), 163.

4. Joel Poinsett (1779-1851), político y diplomático, miembro del Congreso de los Estados Unidos y Embajador en México (1825-30). Fundador de las Logias Masónicas. El favorecía la adquisición de Cuba y Texas por los Estados Unidos.

5. Cartas, Varela to Joel Poinsett, 27 enero 1825 y 28 enero 1825.

6. Humphrey Davy, *Elements of Agricultural Chemistry*, trans. Félix Varela (New York: Imprenta Juan Gray, 1826).

7. Thomas Jefferson, *A Manual of Parliamentary Practice*, trans. and annotated by Félix Varela (New York: Newton, 1826), iii-iv. [El autor de este trabajo ha traducido al español todas las citas escritas originalmente en inglés, incluso las de Varela.]

8. Eugene P. Willging and Herta Hatzfeld, *Catholic Serials of the Nineteenth Century in the United States: A Descriptive Bibliography and Union List*, 2d Serial (Washington D.C.: Catholic University of America Press, 1968), 14-15: 69.

9. Ibid., 138.

10. Varela, *The Protestant's Abridger and Annotator*, 1 (New York: G.F. Bunce, 1830), 2.

11. Willging and Hatzfeld, 147.

12. Varela, "The Five Different Bibles Distributed and Sold by the American Bible Society", *The Catholic Expositor and Literary Magazine* (July 1841), 137-145; (August 1841), 196-200; (November 1841), 297-302; (February 1842), 447-448.

13. Willging and Hatzfeld, 33.

14. Varela, "Our Views in Publishing this Paper", *New York Catholic Register*, 21 September 1839, 5.

15. "New Periodical", *Truth Teller*, 14 May 1825, 54.

16. Varela, "Our Views in Publishing...", 5.

17. Ibid.

18. José I. Lasaga, *Vidas cubanas-Cuban Lives*, 1 (Miami, Florida: Revista Ideal, 1984), 175.

19. Gerald Shaughnessy, S.M., *Has the Immigrant Kept the Faith?* (New York: Macmillan, 1925), 125.

20. J.P. Dolan, *The Immigrant Church* (Baltimore: Johns Hopkins University Press, 1975), 32.

21. D.A. Merrick, S.J. "The Cuban Apostle of New York", *Messenger* (1898), 613-26.

22. Dolan, 129.

23. "Temperance", *New York Catholic Register*, 20 August 1840.

24. "To the Editor of the Catholic Register", *New York Catholic Register*, 20 August 1840, 45.

25. "Anniversary of the New York Catholic Temperance Association", *New York Freeman's Journal*, 30 January 1841, 245.

26. Ibid.

27. Varela, "Remarks by the Editor", *New York Catholic Register*, 13 February 1840, 165.

28. Letter, P.M. Closkey to Félix Varela (24 August 1840), *New York Catholic Register*, 10 September 1840, 67; letter, P.O. Dweyer to Félix Varela (10 March 1840), *New York Catholic Register*, 19 March 1840, 207; "New Church in Williamsburgh, L.I.", *New York Catholic Register*, 2 July 1840, 234; "Temperance Association", *Freeman's Journal*, 6 February 1841, 252.

29. Letter, P.C. to Félix Varela (7 May 1840), *New York Catholic Register*, 14 May 1840, 271; "The Temperance Society-Transfiguration Church", *New York Catholic Register*, 9 July 1840, 333; "Temperance", *New York Catholic Register*, 30 July 1840, 20.

30. Varela, "Children Temperance Memorandum", *New York Catholic Register*, 6 August 1840, 28.

31. Dolan, 66.

32. José Ignacio Rodríguez, *Vida del Presbítero Don Félix Varela* (New York: O Novo Mundo, 1878), 254.

33. Letter, Adam Thirfuly to Propaganda Fide, 10 (1841), Propanda Fide Archives, *Congressi 13, fol. 264 nv.*

34. Dolan, 167.

35. Smith, *The Catholic*, 78, 92; "Christ Church", *Truth Teller*, 2 November 1833, 348; "Christ Church—Ann Street", *Truth Teller*, 9 November 1833, 356; "Christ Church—Ann Street", *New York Weekly Register and Catholic Diary*, 8 August 1835, 279.

36. "The Reverend Félix Varela School", *Truth Teller*, 9 May 1829, 152.

37. "The Very Reverend Félix Varela, D.D.", *New York Freeman's Journal and Catholic Register*, 19 March 1853, 4-5.

38. Varela, "St. Vincent de Paul", *New York Catholic Register*, 9 January 1840, 124.

39. Varela, *Cartas a Elpidio* (La Habana: Editorial de la Universidad de La Habana, 1944), 175.

EL DILEMA ESPIRITUAL
DEL PADRE FELIX VARELA

LUIS E. AGUILAR

Ha sido ésta una tarde generosa de devoción y aprendizaje. Hemos rendido merecido, y largamente debido, homenaje a una de las más excelsas figuras del pensamiento cubano. Y en el proceso, hemos aprendido mucho con las disertaciones de los ilustres panelistas que me han precedido, y con las preguntas del público. Tócame a mi cerrar el acto comentando el trabajo del Padre Felipe J. Estévez sobre la contribución social de Varela en los Estados Unidos.

Pero como los comentaristas tienen libertad para merodear en temas periféricos al tratado por el expositor, voy a permitirme intentar una breve incursión en un aspecto que me luce fascinante en una vida tan luminosa y agónica como la del Padre Félix Varela. Me refiero a la serie de circunstancias que llevaron al Padre Varela a enfrentarse con un hondo dilema ético: la de ser un benemérito sacerdote y un gran educador que, súbitamente, se encuentra envuelto en una lucha política irguiendo una bandera revolucionaria.

No puedo, sin embargo, iniciar tal exploración, sin referirme concretamente a la pregunta con la que el Padre Estévez termina su admirable trabajo. ¿Cómo es posible, se pregunta el autor, que un hombre tan franco y valiente como Varela pudiera callarse ante la terrible injusticia social que significaba la esclavitud de los negros? El silencio de Varela sobre un tema que comenzaba a sacudir a los Estados Unidos, concluye Estévez, deja una interrogante en su impresionante contribución social a este país.

La pregunta, y la crítica que en ella late, me parece justificada, pero no justa. Aclaro de inmediato que ambas valoraciones no se refieren al cuidadoso trabajo del Padre Estévez, quien se apresuró a señalar algunas de las limitaciones episcopales a las que estaba ceñido el Padre Varela, pero si a la duda que tal interrogación pueda sembrar en algún no avisado lector.

Como señalé antes, tal interrogante sobre la conducta del Padre Varela me parece justificada, pero no justa. Justificada, porque es natural que la perspectiva contemporánea, donde la lucha contra la discriminación racial se ha hecho ineludible causa de justicia, nos incline a asombrarnos de que hombres justos del pasado no hayan erguido su protesta con el mismo fervor que hoy nos parece natural.

Injusta, porque, aun con las más nobles intenciones, no debe uno dejarse llevar por la perspectiva del presente para juzgar a los hombres del pasado. Esa necesidad de ajustar nuestra visión a lo que individuos y sociedades del pasado veían a su alrededor, nos permite comprender porque los más nobles pensadores griegos, quienes nos enseñaron a pensar, aceptaron la esclavitud, y otras muchas costumbres que hoy consideramos repudiables, como parte natural de su paisaje vital.

Tal recordatorio, que favorece a Varela, se debilita, pero no desaparece, cuando se tiene en cuenta que Varela había sido abolicionista en Cuba[1], y que vivió en un momento y en un lugar, New York y Filadelfia, donde ya se alzaban encendidas protestas contra la esclavitud de los negros. Pero aun así hay que templar el juicio. En primer lugar, es preciso considerar la prioridad que cada lucha exige y la visión que la circunstancia histórica brinda a los que en ella viven. No sería justo, por ejemplo, criticar a Máximo Gómez y a los patriotas que en 1898 instaron a los Estados Unidos a que intervinieran en el conflicto cubano, porque no supieron ver las graves consecuencias que tal intervención implicaba. El apremio del momento, y tres años de agotadora lucha, les impregnaban la pupila.

Por otra parte, cuando Varela desarrolla su actividad religiosa y caritativa, no en Cuba sino en el mundo de los católicos y los pobres en New York, la Iglesia Católica, como muy bien demuestra el Padre Estévez, estaba a la defensiva, rodeada de suspicacia y ataques protestantes, y andaba tan horra de recursos, que el propio Varela contribuía a ella cotidianamente con su modesto aporte económico.

Pero aún más, en esta época en que los grupos católicos se veían envueltos en lucha primaria y esfuerzo por sobrevivir, las voces ''abolicionistas'' en los Estados Unidos no habían alcanzado la sonoridad que luego, y en algunas regiones, llegaron a desarrollar. En 1848, cuando Varela, enfermo y exhausto, parte hacia el sur, faltaba casi una década para que se publicara *La Cabaña del Tío Tom*[2], y algo más para que la esclavitud se tornara asunto candente en el panorama norteamericano.

Era muy difícil que un sacerdote cubano exiliado, envuelto en la noble causa de ayudar a los menesterosos y a superar la discriminación, o el odio, que contra los católicos e irlandeses a su alrededor palpaba, distendiera el conflicto para restallar su crítica contra un problema que apenas si empezaba a desnublarse en su horizonte.

Dicho lo cual, me oriento hacia la exploración del dilema espiritual que hubo de enfrentar el Padre Varela, al desplazarse de su tarea educadora y religiosa a su posición "revolucionaria".

Comienzo por sugerir que cuando hablamos de Varela tendemos a aceptar livianamente, como si fuera mero elogio retórico, ese pendón que le otorgó José de la Luz y Caballero cuando dijo que Varela fue "el primero que nos enseñó a pensar". Enseñar es de por sí tarea fecunda; ser el primero en enseñar a una colectividad alza la tarea a nobles jerarquías; pero ser el primero en enseñar *a pensar* a un pueblo exige más detenido examen y más denodada admiración.

¿Qué hizo el Padre Varela para merecer tal exaltada apreciación? En primer lugar, y la ínclita campaña es bien conocida, enfrentarse temprano al ambiente escolástico que dominaba, por no decir asfixiaba, a nuestras incipientes instituciones culturales. Era la escolástica de aquella época, y más aún en una España que se había cerrado a las grandes renovaciones del siglo XVIII, no el cauce aún fecundo del pensamiento tomista, sino mera repetición de áridos preceptos de lógica. "Los metafísicos" declara en el *Elenco* de 1816, "han hecho de la Ontología un conjunto de sutilezas y un germen de cuestiones inútiles".[3]

Alerta a lo que en Europa había ocurrido, y adivinando que el ambiente colonial cubano precisaba más enérgicas ideas, Varela alzó la modernidad, clavó en nuestra factoría el desafío cartesiano, se adhirió al eclecticismo, y disparó sus argumentos contra el inerte bastión de la escolástica. "La experiencia y la razón", proclamó desafiante en el *Elenco* de 1812, "son las únicas fuentes o reglas de los conocimientos en la Filosofía".

Pronto se dio cuenta nuestro Maestro que su obra renovadora tenía que desbordarse más allá de los debates filosóficos. Las circunstancias nacionales y españolas le ofrecían más amplios campos de batalla. En 1821, gracias a la rebelión "liberal" del infortunado Riego en España, que obliga a Fernando VII a reinstaurar la Constitución de 1812, Varela inauguró en el Seminario de San Carlos la cátedra "Constitucional". Su órbita se desplaza hacia una enseñanza política, de más práctico carácter, que, inevitablemente, lo llevaba a enfrentarse con los problemas de Cuba.

En aulas rebosantes de público, enseña Varela las ventajas de frenar el poder del absolutismo y diserta sobre el noble concepto de la soberanía popular. Discute, alienta las polémicas, y abre brechas de inquietud en los mozos que le escuchan. Así orienta Varela y enseña a pensar a una juventud cubana, que iba a iniciar el largo y heroico proceso de forjar la conciencia nacional. Varela no educó discípulos, educó maestros. Esa fecunda tarea de sembrador fue la que le mereció el título que José de la Luz y Caballero justamente le otorgara.

La cátedra política, y su ascendente reputación de rectitud y sabiduría, lo envuelven en una más concreta acción política. El educador se trasmuta en diputado electo y se va a Madrid, a defender con pasión la causa de Cuba y de España. Porque, en esos momentos, aún cree Varela, porque no la conoce, que la España cerril de Fernando VII era capaz de atender razones de peso y abrirse a la necesidad de las reformas. Breve y dura fue la lección que le dio la Monarquía Borbónica. En 1823, proscrito y perseguido, escapa el Padre Varela a los Estados Unidos.

Es entonces, en el exilio, en el cual ha de morir, cerrada la alternativa de un programa reformista para Cuba, que el político Varela radicaliza su pensamiento: la libertad plena de la Isla es ahora a sus ojos el único camino viable. Publica, para Cuba, el periódico *El Habanero*, y trata de despertar, casi a pulmón solo, a los cubanos de la Isla para que comprendan la realidad que les plantea una España retrógrada que persigue con saña y sin tregua a sus hijos liberales. Así se aproxima a la idea de la revolución liberadora necesaria.

Esa "aproximación" del Padre Varela a la violencia revolucionaria, esa radicalización política de un hombre que, casi niño, se había negado a aceptar la incitación paterna de que siguiera una carrera militar con una frase definitoria "mi designio no es matar hombres sino salvar almas", requiere un más pausado comentario. No vaya a ser que demos en confusión y veamos en Varela un precursor de esos "sacerdotes revolucionarios" que propugnan hoy los más radicales exponentes de la Teología de la Liberación.

Precisamente, como hemos de apuntar seguidamente, y a diferencia de algunos exaltados religiosos contemporáneos, el Padre Varela no sólo no se siente "vocado" a la revolución, sino que ve en ella una "ultima ratio", una necesidad contraria a sus más esenciales ideales. Su primer paso hacia la "ultima ratio" lo da cuando reafirma (que ya lo había expresado antes) la falsedad del dualismo religión—política, explotado por los que ven en la religión un instrumento de sujeción popular. "La libertad y la religión", afirma noblemente, "tienen un mismo origen, y jamás se contrarían porque no puede haber contrariedad en su autor. La opresión de un pueblo no se distingue de la injusticia, y la injusticia no puede ser obra de Dios".[4]

No hay, pues, excusa, un religioso tiene el deber de luchar contra la opresión de un pueblo. El problema consistía en determinar cuál forma de lucha era la adecuada.

La postura revolucionaria le planteó a Varela, como a tantos hombres de recto pensamiento, un grave dilema. Por un lado, comprende el sacerdote cubano que a la Isla que ama no le queda otro camino que liberarse de España mediante lucha armada. Por otro lado, percibe claramente que la mayoría de los criollos de la Isla, en ubérrimo disfrute de expansión azucarera, no se sienten inclinados a la rebelión.[5] Y comprende también, cuestión mucho más grave para él, que la "revolución" necesaria que él vislumbra ha de rodar montada en una violencia que él, como ser humano y como sacerdote, repudia.

¿Cómo resuelve el padre Varela tan profunda crisis ética? ¿Cómo sortea el agónico dilema entre un patriotismo que a la revolución apunta y una ética que la violencia rechaza? En realidad, nuestro sacerdote no llega a resolver ese terrible dualismo. O, mejor, las circunstancias históricas lo liberaron del tener que confrontar la plenitud del dilema.

A nivel teórico, para defender su idea de la revolución necesaria, Varela se ampara en una especie de silogismo político que distaba mucho de ser irrebatible. La revolución cubana, razona el Maestro, es inevitable. No la provoco yo, diría Varela, ni la provoca nadie, está inscrita en las páginas del devenir político de Cuba y de España. El deber esencial de los que tal inevitabilidad perciben es, por tanto, convencer a la mayoría de la Isla para que se sume a la causa, logrando con ello que la operación sea rápida y evite los peores excesos de violencia.

"Quiera o no quiera Fernando", escribió Varela en *El Habanero*, en uno de sus más significativos artículos, "sea cual fuere la opinión de sus vasallos en la isla de Cuba, la revolución en aquel país es inevitable...Para este caso, que quizás no dista mucho, deben prepararse los ánimos. Sea cual fuere la opinión política de cada individuo, deben todos reconocer el gran principio de la necesidad, y hacer todo lo posible para que su aplicación no produzca males. Una lucha imprudente es una ruina probable y a veces cierta. Es preciso reunir todos los esfuerzos para sacar ventajas de la misma necesidad".[6]

No se le podía ocultar a hombre de tan claro talento como Varela, la amplia vulnerabilidad del argumento. Necesaria o no, y el determinismo histórico es harto debatible, una revolución no se forja con prudencia, ni se desarrolla por cauces previsibles y sosegados. Es posible, y a veces necesario, predicar la inevitabilidad de una revolución. Pero quien a tal faena se dedique ha de estar preparado para afrontar el precio terrible que toda revolución demanda. Aspirar, como aspiraba Varela, a que la revolución fuera pacífica y mesurada, era desafiar a la experiencia histórica que había ya delineado la Revolución Francesa. Como argüía Robespierre, quien se desvele ante la sangre que hay que derramar, no puede soñar con ser revolucionario.

Varela estaba bien consciente de la contradicción ética que su fórmula política encerraba. De ahí su casi agónica respuesta a sus impugnadores cuando éstos públicamente le enristraron la peligrosa distancia que había entre la revolución que él planteaba y los inevitables males que tal revolución iba a producir en la Isla. "Yo tengo el noble orgullo", afirma con la exasperación de quien ha sido tocado en punto sensible, "de persuadirme de que no habrá uno solo tan olvidado de sí mismo que conociéndome, y entre los que me conozcan, tenga la impudicia de llamarme sanguinario. ¡Ah! ¡esa sangre es la que yo quiero impedir que se derrame!"[7]

La dolida respuesta no resolvía el dilema. En un esfuerzo por salvar los inexorables términos de la cuestión, Varela vuela por encima de ellos y busca apoyo, o refugio, en una posibilidad casi mirífica: la de una revolución sin sangre. La que él soñaba para Cuba. Ha de añadirse aquí, para que no quede ni el resquicio de una duda sobre el carácter de Félix Varela, que el derramamiento de sangre que al sacerdote acongojaba no se refería a la suya sino a la de los prójimos, que ama. El riesgo personal jamás lo amedentró. Había puesto temprano su vida en la avanzada y nunca vaciló.[8] Cuando le dieron noticias ciertas de que asesinos mandados por España le rondaban, ni alteró sus hábitos, ni le pasó por la mente el ocultarse. El patriota Varela estaba dispuesto a morir por Cuba. Al sacerdote Varela le horrorizaba contribuir a que se muriera y se matara por Cuba.

Afortunadamente, al menos para nuestro atribulado sacerdote, las circunstancias históricas de Cuba lo libraron de la espinosa disyuntiva. Una multiplicidad de causas, que no es del caso mencionar aquí, desvanecían en la Isla el proyecto revolucionario como solución inmediata. Hacia 1830, Varela ha aceptado la noción de que la lucha por la emancipación, de la cual él fue precursor, estaba más allá de su horizonte vital. *El Habanero* había dejado de publicarse. En Cuba, movimientos reformistas y anexionistas se disputaban el futuro inmediato de la Isla.

El mensaje independentista de Varela, larvado en la conciencia cubana, ha de aguardar por su madurez y su momento propicio. Sin dejar de amar entrañablemente a la Isla, el sacerdote Félix Varela y Morales se consagra a su misión religiosa. Cuando vuelve a intervenir en los asuntos de Cuba, es para opinar sobre la polémica filosófica que ardía en los medios intelectuales de la Isla. Aun así, su tono es de ajustada mesura. "Mi silencio", le explica a un discípulo, "respecto a las cuestiones filosóficas que hace tiempo llaman la atención del público en esa isla no es más que una medida prudente. Toda intervención de mi parte podría mirarse como un reclamo de mi antiguo magisterio..."[9]

Es una gran pena que, en natural afán de estudiar la vida pública de Varela, su misión educadora y patriótica, no le hayamos dedicado igual fervor a esa su última jornada espiritual. El trabajo del Padre Estévez nos ha delineado la magnitud y la intensidad de la obra religiosa de Varela. Pero es en esa jornada donde nuestro Maestro como que se va desasiendo de las preocupaciones materiales, y, en pura dedicación espiritual, se vuelca sobre la educación de los niños, la ayuda a los pobres, el alivio a los menesterosos. Es en ese período cuando destellan al máximo las virtudes humanas de Félix Varela.

El gran educador, el precursor de la patria, es ahora, voluntariamente, un humilde sacerdote que en pleno invierno da su raído abrigo a quien tiembla de frío; es el que se desvela porque los que nada tienen, tengan que comer; el que sobrevive pidiendo cada día menos para sí y más para los otros.

Los que en esa etapa lo trataron, cuando su cuerpo físico como que se esfumaba en el poco comer y en el menos dormir, dejaron testimonios de que la faz del padre Varela irradiaba serenidad y paz. El hombre Félix Varela y Morales, quien había nacido para salvar almas y no para matar hombres, había superado todos los dilemas y encontrado la esencia de su destino humano. En radical pobreza, y casi en olor de santidad muere en San Agustín, en la Florida, en 1853.

Ese mismo año nacía en La Habana José Martí.

NOTAS

1. "Aquel santo varón", afirma José Antonio Saco, "fue entre los cubanos el primer abolicionista". José Antonio Saco, *Historia de la Esclavitud*, 3 (La Habana: Editorial Cultural S.A., 1938), 146. Véase del propio Varela su "Memoria que demuestra la necesidad de extinguir la esclavitud de los negros en Cuba", en *Ideario Cubano*. Félix Varela, precursor de la revolución libertadora cubana, por Emilio Roig de Leuchsenring (La Habana: Oficina del Historiador de la Ciudad, 1953), 53-61. Merece recordarse que la avanzada posición de Varela no se limitaba a la cuestión de la esclavitud. El Padre Varela es el primer maestro cubano, y acaso de la América Latina, que escribe en el *Elenco* de 1816: "Uno de los atrasos de la sociedad proviene de la preocupación de excluir a las mujeres del estudio de las ciencias" (véase referencia 3).

2. La evolución de la reputación de la *Cabaña del Tío Tom* es prueba de cómo cambia la perspectiva histórica. Considerada por décadas como el mejor argumento publicado en contra de la esclavitud, la novela pasó luego a ser condenada como símbolo del "paternalismo discriminatorio" de los blancos contra los negros.

3. Citado por Roberto Agramonte, "Félix Varela, el primero que nos enseñó a pensar", en *Cuadernos de historia habanera* (La Habana: Municipio de La Habana, 1937), 104.

4. *El Habanero* (La Habana: Editorial de la Universidad de La Habana, 1945), 72.

5. "Es preciso no equivocarse", escribió una vez en un momento de desaliento, "en la isla de Cuba no hay amor a España, ni a Colombia ni a México, ni a nadie más que a las cajas de azúcar y a los sacos de café" (*El Habanero*, 19).

6. Ibid., 60.

7. Ibid., 62.

8. En su despedida, cuando marchaba a las Cortes españolas, Varela escribió: "No hay sacrificio: honor, placer es todo cuanto se renuncia en obsequio de la patria... un hijo de la libertad, un alma americana desconoce el miedo". Véase sus *Observaciones sobre la constitución política de la monarquía española* (La Habana: Editorial de la Universidad de La Habana, 1954), 155.

9. Véase José Manuel Mestre, *Obras* (La Habana: Editorial de la Universidad de La Habana, 1965), 233.

BIBLIOGRAFIA

Bibliografía de Varela

Esta bibliografía de la obra de Varela está tomada textualmente de *Félix Varela. Letters to Elpidio*, edited by Felipe J. Estévez, New York: Paulist Press, 1989, con la autorización de la casa editora, que agradecemos. También, gracias al Padre Estévez por facilitarnos su exhaustiva investigación bibliográfica.

I. LIBROS

Apuntes Filosóficos sobre la Dirección del Espíritu Humano. Habana: Fraternal, 1824.

Cartas a Elpidio sobre la Impiedad, la Superstición y el Fanatismo en sus Relaciones con la Sociedad, 2 vols. Habana: Editorial de la Universidad, 1944-45.

El Habanero: Papel Político, Científico y Literario Redactado...Seguido de las Apuntaciones sobre el Habanero. Habana: Editorial de la Universidad, 1945.

Institutiones Philosophiae Eclecticae Ad Usum Studiosae Iuventutis. Translated into Spanish by Antonio Regolodo y González. Habana: Cultural, 1952.

Lecciones de Filosofía. 5th ed. 3 vols. Habana: Editorial de la Universidad, 1960-61.

Miscelanea Filosófica...Seguida del Ensayo sobre el Origen de Nuestras Ideas, Carta de un Italiano a un Francés sobre las Doctrinas de Lamennais y Ensayo sobre las Doctrinas de Kant. Habana: Editorial de la Universidad, 1944.

Observaciones sobre la Constitución Política de la Monarquía Española, Seguida de otros Trabajos Políticos. Habana: Editorial de la Universidad, 1944.

Poesías del Coronel Don Manuel de Zequeira y Arango, Natural de la Habana, Publicadas por un Paisano Suyo. New York: n.p., 1829.

The Protestant's Abridger and Annotator, 3 vols. New York: G.F. Bunce, 1830.

II. Traducciones

Elementos de Química Aplicada a la Agricultura en un Curso de Lecciones en el Instituto de Agricultura, by Humphrey Davy. New York: Gray, 1826.

Manual de Práctica Parlamentaria para el Uso del Senado de los Estados Unidos, by Thomas Jefferson. Annotated. New York: Newton, 1826.

III. Artículos

"Absolution." *The New York Catholic Register,* July 30, 1840.

"Abuse of the Scriptures and Specimen of Fanaticism." Ibid., April 2, 1840.

"Address to Protestants." *The Catholic Observer,* December 15, December 22, and December 29, 1836; January 12, 1837.

"Anniversary of the New York Catholic Temperance Association." *Truth Teller,* 1841.

"Antiquity of the Catholic Doctrine." *The Catholic Expositor and Literary Magazine,* May 1844, 124-33; June 1844, 203-11; July 1844, 299-307; August 1844, 354-56.

"Authority in Religion." Ibid., April 1841, 10-16.

"Beauties of Luther on Matrimony." *Truth Teller,* August 10, 1833.

"Beauties of the Reformers." *The Catholic Expositor and Literary Magazine,* May 1842, 72-74.

"Bishop England." *New York Catholic Register,* February 27, 1840.

"Bishop Kenrick of Philadelphia and the Protestant Bishop of Vermont." *The Catholic Expositor and Literary Magazine,* March 1843, 343-45.

"Bishops of the Church of England." *New York Catholic Register,* December 12, 1839.

"The Book of Common Prayer of the Church of England." Ibid., October 3, 1839.

"Breve Exposición de los Acontecimientos Políticos de España, desde el 11 de Junio hasta el 3 de Octubre de Octubre de 1823 en que de Hecho se Disolvieron las Cortes." Quoted in *Rodríguez,* 264-69.

"Candles in the Church." *New York Catholic Register*, September 21, 1839.

"The Catholic Church and the Scriptures." *The Catholic Expositor and Literary Magazine*, May 1841, 60-65.

"The Catholic Church Bears the Stamp of Divine While the Protestant Bears that of Human Institution." *New York Catholic Register*, October 24, 1839.

"The Catholic Miscellany." *New York Catholic Register*, April 30, 1840.

"Caution Against Dr. Brownlee's Logic and Quotations." *New York Weekly Register and Catholic Diary*, August 23, September 6, September 13, September 27, October 4, October 25, November 1, and November 15, 1834.

"A Charitable Proposal." *Freeman's Journal and Catholic Register*, August 22, 1846.

"Children Temperance Memorandum." *New York Catholic Register*, August 6, 1840.

"Christmas Day." Ibid., December 26, 1839.

"The Churchman." Ibid., June 4, 1840.

"The Churchman and the Common School Fund." Ibid., August 27, 1840.

"Comments to Rt. Rev. Bishop Hughes' Letters." Ibid., June 25, 1840.

"Contempt of the Calumnies Against the Catholic Church." Ibid., April 9, 1840.

"The Debt of Transfiguration Church." *Freeman's Journal and Catholic Register*, November 21, 1849.

"A Demonstration of Truth of the Catholic Doctrine from the Very Nature of the Scripture." *New York Catholic Register*, November 28, 1839.

"Despedida." Quoted in *Observaciones sobre la Constitución*, 256.

"Discurso Inaugural." Ibid., 1-5.

"A Dissertation on the antiquity of the Catholic Doctrine." *New York Weekly Register and Catholic Diary*, September 1834.

"The Divisions of the Church of England." Ibid., January 19, 1850.

"Doctrinas de Lógica, Metafísica y Moral, Enseñadas en el Real Colegio de San Carlos de la Habana." Quoted in Antonio Bachiller y Morales, *Apuntes*, 157-76.

"Dr. Brownlee, Nestorian Presbyterian Preacher." *Truth Teller*, June 29, 1833.

"Editorial." *New York Catholic Register*, October 10, 1839.

"Editorial." Ibid., November 28, 1839.

"Editorial." Ibid., December 5, 1839.

"Editorial Observations." *The Catholic Expositor and Literary Magazine*,

February 1844, 363-65.

"Editorial Observations on a Review of the Religious Press in Spain." Ibid., December 1843, 213.

"Editorial on a Letter from Veritatis Vindex." *New York Catholic Register*, August 20, 1840.

"Education of Catholic Children in our Public Schools." Ibid., February 20, February 27, and March 5, 1840.

"Elogio de Don José P. Valiente y Bravo." Quoted in *Rodríguez*, 81-96.

"Elogio de S. M. el Señor Don Fernando VII." Ibid., 70-81.

"Essay on the Doctrine of Kant." *The Catholic Expositor and Literary Magazine*, August 1842, 294-300.

"Essay on the Origin of Our Ideas." Ibid., January 1842, 383-86; February 1842, 420-22.

"Examples from History." *New York Catholic Register*, October 3, 1839.

"Extract from the Roman Ritual Relative to the Blessing of Images." *New York Catholic Register*, October 3, 1839.

"Fictitious Anecdotes Produced as Arguments Against the Catholic Church." Ibid., May 7, 1840.

"The Five Different Bibles, Distributed and Sold by the American Bible Society." *The Catholic Expositor and Literary Magazine*, September 1841, 236-40; December 1841, 338-42; March 1842, 447-48.

"From the Churchman." *New York Catholic Register*, June 18, 1840.

"A Glance at the Catholic Question." *The Catholic Observer*, February 16, February 23, and March 2, 1837.

"Gramática de Salvá." *Revista Bimestre Cubana*, February 1832.

"Inconsistency of the Doctrine of the Church of England with its Own Liturgy." *New York Catholic Register*, May 14, 1840.

"Influencia de la Idiología en la Sociedad y Medios de Perfeccionar este Ramo." Quoted in *Rodríguez*, 57-64.

"An Instance of the Judicious Piety of Bossuet." *New York Catholic Register*, January 9, 1840.

"Instrucción Pública." *El Mensagero Semanal*, June 1829, 313-16.

"Intercession of the Saints." *The Catholic Observer*, January 26, 1837.

"Intercession of the Saints and Prayers to Them." *New York Catholic Register*, October 31, 1839.

"Letter of an Italian á un Francais, sur les Doctrines de M. Lamennais." *The Catholic Expositor and Literary Magazine*, July 1842, 224-28.

"Letters of Dr. Cway, a Minister of the Church of England to the Archbishop of Bohemia." Ibid., September 1842, 330-38.

"A Letter to a Friend, on the Tract Entitled, 'Roman Fallacies and Catholic Truths' Published by the Protestant Episcopal Tract

Society." *The Catholic Expositor and Literary Magazine*, July 18, 1843, 331-41; September 1843, 407-19.

"Letter to an Infidel." *New York Catholic Register*, September 21, 1839.

"A Literary Notice on Father Oswald, A Genuine Catholic Story." Ibid., May 1843, 129-39.

"Liturgy of the Church of England." Ibid., June 11, 1840.

"The Mass." Ibid., November 7, 1839.

"Meeting of Catholics for the Enlargement of the New York Catholic Register." Ibid., July 2 and July 9, 1840.

"A Middle State." Ibid., November 1844, 81-89.

"Modern Pantheism." Ibid., September 3, 1840.

"The Mother of St. Augustine—A Tract." *The Catholic Expositor and Literary Magazine*, March 1843, 364-66.

"New Church in Southwark, Philadelphia." *New Catholic Register*, August 13, 1840.

"New Church in Williamsburgh, L.I." Ibid., July 2, 1840.

"New York Catholic Temperance Association." Ibid., February 13, 1840.

"Notes on an Extract from a Letter of the Honorable F.H.F. Berkeley to the Wesleyan Ministers of Bristol." Ibid., September 12, 1839.

"Notes on an Extract from the Last Number of the London Quarterly Review on the Study of the Evidences of Christian Revelation by Phillip S. Dodd." Ibid., October 3, 1839.

"The Novena of Saint Theresa, Revised and Approved." Quoted in Alban Butler, *The Life of Saint Theresa*, 153-80.

"Observations on the Proceedings of the American Bible Society." *The Catholic Expositor and Literary Magazine*, April 1843, 57-61.

"Observations to Protestants." Ibid., December 1842, 143-54.

"On Merits." *The Catholic Observer*, January 19, 1837.

"On the Prohibition of Eating Meat on Certain Days." *New York Catholic Register*, September 21, 1839.

"Oración Fúnebre a Carlos IV." Extracts quoted in *Rodríguez*, 97-100.

"Oratorio at St. Peter's Church." *New York Catholic Register*, June 18, 1840.

"Original Translation." Ibid., June 18, 1840.

"Our Views in Publishing this Paper." Ibid., September 21, 1839.

"Paraphrase of Some Passages of Dr. Brownlee's Address to the Roman Catholics." *Truth Teller*, September 6 and September 21, 1833.

"The Petition for a Part of the School Fund." *New York Catholic Register*, May 28, 1840.

"Popular Prejudices—Rites of Burial." Ibid., May 21, 1840.

"Prospectus of the New York Catholic Register." Ibid., September 21, 1839.

"Protestant Argument Retorted." *New York Weekly Register and Catholic Diary*, August 9, 1834.

"The Protestant Doctrine Compared with the Scriptures—An Essay." *The Catholic Expositor and Literary Magazine*, April 1842, 35-42.

"Protestant Spy in the Catholic Church, Ann Street." *New York Weekly Register and Catholic Diary*, January 24, 1835.

"Protestants and Tradition." *The Catholic Expositor and Literary Magazine*, May 1842, 100-2.

"Proyecto que Demuestra la Necesidad de Extinguir la Esclavitud de los Negros en la Isla de Cuba, Atendiendo a los Intereses de sus Propietarios." Quoted in *Observaciones sobre la Constitución*, 157-79.

"Proyecto de Gobierno Autónomo." Published in Chacón y Calvo, "El Padre Varela y la Autonomía", 451-71.

"Public Meeting of the Catholics." *New York Catholic Register*, March 26, 1840.

"The Public School Funds." Ibid., March 12, 1840.

"Purgatory." *The Catholic Observer*, March 23, March 30, and April 6, 1837.

"Reflections on 'Vantage Ground of Popery.'" *New York Weekly Register and Catholic Diary*, July 18, 1835.

"Reflections Which Could be Made by a Person Who May be About to Embrace the Protestant Religion." *The Catholic Observer*, January 12, 1837. Same article published in *The Catholic Expositor*, October 1844, 1-5.

"The Reformation Examined, According to the Protestant Principles, and to the Reasons Assigned by the Reformers for that Seperation from the Catholic Church." *The Catholic Expositor and Literary Magazine*, June 1842, 151-54.

"The Religious Controversy Between Dr. F. Varela and Dr. W. C. Brownlee." Quoted in *The Religious Controversy Between the Rev. Dr. W. C. Brownlee and the Rev. Drs. John Power, Thos. C. Levins, and Félix Varela*. Philadelphia: Boyle and Benedict, 1833, 17-21.

"Religious Courtesy." *New York Catholic Register*, July 16, 1840.

"Remarks on the Book entitled 'Six Months in a Convent'—Attributed to Miss Reed." *New York Weekly Register and Catholic Diary*, May 23, 1835.

"A Reply to the Assertion that Catholics are Forbidden to Read the Scriptures." *The Catholic Expositor and Literary Magazine*, October 1844, 45-47.

"Review of Alethia, or Letters on the Truth of Catholic Doctrines. By the Rev. Charles Constantine Pise, D.D." Ibid., June 1843, 208-11.

"A Review of the Bible in Spain or the Journies and Imprisonments of an Englishman in an Attempt to Circulate the Scriptures." Ibid., June 1843, 197-208.

"A Review of 'Hints on Catholic Union by a Presbyter of the Protestant Episcopal Church.'" *The Catholic Observer*, March 9, 1837.

"A Review of 'No Union With Rome—An Address to the Members of the Protestant Episcopal Church'. by Reverend Samuel Farmer Jarvis." *The Catholic Expositor and Literary Magazine*, January 1844, 284-86.

"A Review of the Report on the Subject of Appropriating a Portion of the School Money to Religious Societies for the Support of Schools." *The New York Catholic Register*, May 21, 1840.

"A Review of the Rev. S. B. Smith's Renunciation of Popery." *New York Weekly Register and Catholic Diary*, January 31, February 7, March 7, March 14, March 26, and April 11, 1835.

"Reviews of 'Our Protestant Forefathers' by W. L. Gilley, D.D." *The Catholic Expositor and Literary Magazine*, January 1844, 241-58.

"The Right Rev. Dr. Loras." *The New York Catholic Register*, June 11, 1840.

"The Saints." Ibid., January 9, 1840.

"St. Peter's Church." Ibid., December 19, 1839.

"St. Thomas Christians." Ibid., January 2 and January 9, 1840.

"St. Vincent de Paul." Ibid., January 9, 1840.

"Specimen of Fanaticism." Ibid., July 23, 1840.

"Speech at the Meeting of the Protestant Association." *Truth Teller*, May 5, 1832.

"Temperance." *The New York Catholic Register*, January 16, 1840.

"Tenets Attributed to the Catholics by the Protestants." Ibid., September 21, 1839.

"Theologia Dogmatica, etc. by the Rt. Rev. Francis P. Kenrick." Ibid., February 6, 1840.

"The Time for Writing." Ibid., January 2, 1840.

"Translation of the Bible." *Truth Teller*, February 8, 1834.

"There Cannot be a Church Without a Bishop." *The Catholic Expositor and Literary Magazine*, February 1844, 356-58.

"Treatise on the Church." *New York Catholic Register*, August 6, 1840.

"Veneration of Images." *The Catholic Expositor and Literary Magazine*, September 1844, 450-56.

"Which is the Right Interpretation of the Scriptures as to the Making of Images?" *New York Catholic Register*, October 3, 1839.

"Young Catholics' Magazine." Ibid., March 19, 1840.

IV. CORRESPONDENCIA

(Esta bibliografía está en orden cronológico y con el nombre de la persona a quien Varela escribió, la fecha, y dónde se halla la carta en la actualidad.)

José A. Saco. 1823. José A. Fernández Castro, *Medio Siglo*, 25.
Editor of *Revisor Político y Literario*. April 16, 1823. *Rodríguez Papers*, Box 16, "Correspondence Mo-Mu."
Joel Poinsett. January 27, 1825. Historical Society of Pennsylvania.
Joel Poinsett. January 28, 1825. Ibid.
Archbishop Eccleston. September 23, 1829. Archdiocese of Baltimore Archives.
Bishop Dubois. October 8, 1829. Propaganda Fide Archives.
Propaganda Fide. 1830. Ibid.
José A. Saco. January 2, 1830. Fernández Castro, *Medio Siglo*, 31.
Editor. January 31, 1832. *Truth Teller*, February 2, 1833, 38.
Editor of *Revista Cubana*. February 28, 1832. *Rodríguez*, 289-91.
Luz y Caballero. March 7, 1832. Ibid., 292-93.
"Inquire." November 17, 1832. *Truth Teller*, November 17, 1832, 375.
"Inquire." December 1, 1832. Ibid., December 8, 1832, 399.
"Inquire." December 15, 1832. Ibid., December 15, 1832, 407.
"Inquire." December 21, 1832. Ibid., December 22, 1832, 414.
W. C. Brownlee. February 23, 1833. W. C. Brownlee, *Letters in the Roman Catholic Controversy*, 12.
W. C. Brownlee. March 16, 1833. *Truth Teller*, March 16, 1833, 83.
W. C. Brownlee. April 6, 1833. Ibid., April 6, 1833, 106.
W. C. Brownlee. June 8, 1833. Ibid., June 8, 1833, 180.
W. C. Brownlee. July 20, 1833. W. C. Brownlee, *Letters in the Roman Catholic Controversy*, 116.
Editor. August 17, 1833. *Truth Teller*, August 17, 1833, 262.
Editor. November 23, 1833. Ibid., November 23, 1833, 369.
Tomás Gener. June 2, 1835. González del Valle, "Cartas Inéditas", 65.
Luz y Caballero. June 2, 1835. Ibid., 64-65.
Guadalupe Junco de Gener. September 3, 1835. Ibid., 66.
Editor. October 24, 1835. *New York Weekly Register and Catholic Diary*, October 24, 1835, 39.
Editor. October 31, 1835. Ibid., October 31, 1835, 55.
Editor. November 7, 1835. Ibid., November 7, 1835, 70.

María J. Varela. April 12, 1836. González del Valle, "Cartas Inéditas", 66.

John Dubois. April 23, 1837. Archdiocese of New York Archives.

John Dubois. May 18, 1837. Propaganda Fide Archives.

María J. Varela. January 20, 1839. González del Valle, "Cartas Inéditas", 67.

José de la Luz. June 5, 1839. Ibid.

José de la Luz. August 23, 1839. Ibid., 68-69.

José de la Luz. November 12, 1839. Ibid., 70.

A.P. Halsey. April 8, 1840. William O. Bourne, *History of the Public School Society*, 327-28, 346-47.

Anastasio [sic]. October 22, 1840. González del Valle, "Cartas Inéditas", 70.

Manuel González del Valle. October 22, 1840. *Rodríguez*, 337-42.

Propaganda Fide. July 28, 1842. Propaganda Fide Archives.

Propaganda Fide. October 1, 1842. Ibid.

María J. Varela. December 30, 1842. González del Valle, "Cartas Inéditas", 70.

Propaganda Fide. January 15, 1844. Ibid.

María J. Varela. July 26, 1844. González del Valle, "Cartas Inéditas", 71.

Editor. February 15, 1845. *Freeman's Journal and Catholic Register*, February 15, 1845, 260.

Editor. March 1, 1845. Ibid., March 1, 1845, 277.

María J. Varela. March 12, 1845. Ibid., 72.

María J. Varela. July 20, 1848. González del Valle, "Cartas Inéditas", 72.

Archbishop Hughes. April 24, 1850. Archdiocese of New York Archives.

Cristóbal Madan. July 11, 1850. *Rodríguez Papers*, Box 148.

Editor. October 10, 1850. *Freeman's Journal and Catholic Register*, November 9, 1850, 5.

BIBLIOGRAFÍA SELECTIVA SOBRE EL PADRE VARELA

Agramonte, Roberto. "El Padre Varela, 'El primero que nos enseñó a pensar'", *Universidad de La Habana* 5 (junio-julio 1937): 64-87.

Amigó Jansen, S.J., Gustavo. *La posición filosófia del Padre Varela*, Ph.D. dissertation, Universidad de La Habana, 1947.

Ardura, Ernesto. "Félix Varela: el ilustre fundador", *Cuba y su destino histórico*. Miami, Florida: Ediciones Universal, 1989.

Bachiller y Morales, Antonio. "Error político de Don Félix Varela: Los contemporáneos y la posteridad", *Revista Cubana* 2 (octubre 1885): 289-94.

Bisbé, Manuel. "Sobre *El Habanero* del Padre Varela", *Universidad de La Habana* 22-23 (enero-diciembre 1958-59): 136-41.

Blakeslee, William Francis, C.S.P. "Félix Varela—1788-1853", American Catholic Historical Society of Philadelphia, *Records* 38 (1927): 15-46.

Cabrera, Raimundo, "Nuestro homenaje a Varela", *Revista Bimestre Cubana* 6 (noviembre-diciembre 1911): 473-97.

Casal, José M. *Discursos del Padre Varela*, precedidos de una sucinta relación de lo que pasó en los últimos momentos de su vida y en su entierro. Matanzas: Imprenta Gobierno, 1860.

Chacón y Calvo, José María. *El Padre Varela y la autonomía colonial*. La Habana: Molina, 1935.

_____. *El Padre Varela y su apostolado*. La Habana: Cuadernos de divulgación cultural de la Comisión cubana de la UNESCO, 8.

_____. "Varela y la Universidad", *Revista Cubana* 1 (enero 1935): 169-73.

_____. "Homenaje a Varela", *Revista Cubana* 5 (enero-febrero 1936): 191-92.

Del Ducca, Sister Gemma Marie, S.C. *A Political Portrait: Félix Varela y Morales, 1788-1853*. Ph.D. dissertation, University of New Mexico, 1966.

Diccionario de la literatura cubana. s.v. "Félix Varela y Morales".

Dictionary of American Biography, s.v. "Félix Varela y Morales".

Entralgo y Vallina, Elías José. *Los diputados por Cuba en las Cortes de España, durante los tres períodos constitucionales*. La Habana: El Siglo XX, 1945.

Escala M., Rvdo. Rafael. "El Padre Varela. Apuntes sobre un gran hombre", *Orto* (Manzanillo, Oriente, Cuba) 43 (diciembre 1955): 15-19.

Foik, Paul. *Pioneer Catholic Journalism*. New York: U.S. Catholic Historical Society, *Monograph Series* 11 (1930).

Garcini Guerra, Héctor J. "Evolución del pensamiento político de Félix Varela", *Anuario de la Facultad de Ciencias Sociales y Derecho Público* (La Habana) 5 (1954): 37-59.

Gay Calbó, Enrique. *El ideario político de Varela*. La Habana: Molina, 1936.

_____. *El Padre Varela en las Cortes españoles de 1822-23*. La Habana: (Rambla) Bouza, 1937.

_____. "Varela revolucionario", *Revista Bimestre Cubana* 51 (1943): 73-110.

González y Gutiérrez, Diego. *La continuidad revolucionaria de Varela en las ideas de Martí.* La Habana: El Siglo XX, 1953.

Guardia, Joseph Miguel. "Philosophes Espagnols de Cuba: Félix Varela—José de la Luz", *Revue philosophique de la France et de L'Etranger.* Paris 33 (janvier-juin 1892): 50-66, 162-83. Traducido al español por Alfredo Zayas y Alfonso en *Revista Cubana* 15 (1892): 233-47, 412-27, 493-502.

Hernández Corujo, Enrique. "Actuación política y parlamentaria del Padre Varela en las Cortes españolas y en el destierro", Anuario de la Facultad de Ciencias Sociales y Derecho Público *(La Habana)* 5 *(1954): 61-83.*

Hernández Travieso, Antonio. "Expediente de estudios universitarios del presbítero Félix Varela", Revista Bimestre Cubana (enero-junio 1942): 388-401.

_____. *Varela y la reforma filosófica en Cuba.* Prólogo de Herminio Portell Vilá. La Habana: Jesús Montero, 1942.

_____. "Historia del pensamiento cubano hasta Varela", *Philosophy and Phenomenological Research* (Buffalo, New York, December 1943).

_____. *El Padre Varela. Biografía del forjador de la conciencia cubana.* La Habana: Jesús Montero, 1949. 2a ed.: Miami, Florida: Ediciones Universal, 1984.

_____. "Varela y sus discípulos", *Revista Cubana* (enero-junio 1949): 69-102.

_____. "Varela y Saco", en *Afirmaciones cubanas* 1, La Habana: Editorial Lex., 1950.

_____. "El Padre Félix Varela", en *Los forjadores de la conciencia nacional* 2, La Habana, Editorial Lex., 1952.

Lasaga, José I. *Vidas Cubanas—Cuban Lives* 1, Miami, Florida: Revista Ideal, 1984; vol. 2, Miami, Florida: Ediciones Universal, 1988.

Lazo, Raimundo. *El Padre Varela y las Cartas a Elpidio.* La Habana: Editorial de la Universidad de La Habana, 1945.

Martínez Dalmau, Obispo Eduardo. "La posición democrática e independentista del Pbro. Félix Varela", *Revista Bimestre Cubana* 52 (1943): 368-83.

_____. "La ortodoxia filosófica y política del pensamiento patriótico del Pbro. Félix Varela". Oficina del Historiador de la Ciudad, *Colección de historia cubana y americana* 5 (1945): 247-62.

Martínez-Ramos, Alberto. *Father Félix Varela: Cuban Catholic Apologist in the United States, 1823-1953.* M.A. thesis, University of Miami, Florida, 1979.

McCadden, Joseph. "The New York-to-Cuba-Axis of Father Varela", *The Americas* (Washington, D.C.) 20 (April 1964): 376-92.

McCadden, Joseph and Helen. *Father Varela, Torch Bearer from Cuba.* New York: United States Historical Society, 1969. 2d ed.—Prólogo del Reverendo Raúl del Valle. San Juan, Puerto Rico: Félix Varela Foundation, 1984.

Méndez, Manuel Isidro. *Notas para el estudio de las ideas éticas en Cuba.* La Habana: Editorial Lex., 1947.

Montoro, Rafael. "El Padre Félix Varela", *Revista Bimestre Cubana* 6 (noviembre-diciembre 1911): 485-97.

The New Catholic Encyclopedia s.v. "Félix Varela", por J.M. Pérez Cabrera.

Ortiz, Fernando. "Félix Varela, amigo del país", *Revista Bimestre Cubana* 6 (noviembre-diciembre 1911): 478-84.

Piñera Llera, Humberto. "Introducción" a las *Cartas a Elpidio de Félix Varela.* La Habana: Universidad de La Habana, 1945.

_____. *Panorama de la filosofía cubana.* Washington, D.C.: Unión Panamericana, 1960.

Portell Vilá, Herminio. "Sobre el ideario político del Padre Varela", *Revista Cubana* 1 (febrero-marzo 1935): 243-65.

Poey, Felipe. "Disertación leída en la clase de Constitución de que es catedrático el presbítero D. Félix Varela", *El Observador Habanero* 2 (1820): 57-64.

Portuondo, José Antonio. "Significación literaria de Varela". La Habana: Oficina del Historiador de la Ciudad, 5 (1945): 69-91.

The Religious Controversy between the Reverend Dr. W.C. Brownlee and the Reverend Drs. John Power, Thos. C. Levins, and Félix Varela. Philadelphia: Boyle and Benedict, 1833.

Rexach, Rosario. *El pensamiento de Félix Varela y la formación de la conciencia cubana.* La Habana: Sociedad Lyceum, 1950.

Rodríguez, José Ignacio. "Father Félix Varela, Vicar General of New York from 1837 to 1853", *American Quarterly Review* 8 (1833): 466-76.

_____. *Vida del Presbítero Don Félix Varela.* New York: O Novo Mundo, 1878. 2a ed. Prólogo de Eduardo Martínez Dalmau. La Habana: Arellano, 1944.

Roig de Leuchsenring, Emilio. *Ideario cubano, Félix Varela, precursor de la revolución cubana.* La Habana: Oficina del Historiador de la Ciudad, 1953.

Ripoll, Carlos. *Sentido y razón del destierro: Félix Varela, Miguel Teurbe Tolón, José Martí.* (No tiene datos bibliográficos).

Sainz, Nicasio. *Tres vidas paralelas* (Arango y Parreño, Félix Varela y José Antonio Saco): Origen de la nacionalidad cubana. Miami, Florida: Ediciones Universal, 1979.

Valuable Theological Library: Catalogue of the Large and Valuable Collection... Being the Library of the Late Reverend Father Varela... New York: Bangs Brother & Co., 1880.

Valle, Rev. Raúl del. "El Padre Félix Varela: Sacerdote, Maestro y Patriota". New York: Comité Católico Cubano, *Newsletter* (30 noviembre 1977).

Vitier, Medardo. *Las ideas en Cuba.* La Habana: Editorial Trópico, 1938.

_____. *La filosofía en Cuba.* México, D.F.: Fondo de Cultura Económica, 1948.